Leora Tanenbaum

HIGH HEELS

und die Frauen, die sie lieben

Leora Tanenbaum

High Heels

und die Frauen, die sie lieben

Aus dem amerikanischen Englisch
von Ekpenyong Ani
und
Anke Mai

ORLANDA

HAFTUNGSAUSSCHLUSS

Bitte beachten Sie, dass die Autorin keine medizinische Fachfrau ist. Wenn Sie ein medizinisches Problem haben, wenden Sie sich am besten an eine medizinisch ausgebildete Fachperson – vorzugsweise eine, die im Operationssaal keine zehn Zentimeter hohen Stöckelschuhe trägt.

Inhalt

Testen Sie Ihr Wissen: Richtig oder falsch?

1. Nur Radikalfeministinnen, müsliessende Erdmütter und lebenskluge alte Damen tragen bequeme Schuhe.
2. Das regelmäßige Tragen hochhackiger Schuhe kann zu einer Verkürzung der Achillessehne führen.
3. Das Tragen eleganter Schuhe kann eine Strategie sein, um unbewusste Ängste bezüglich Geschlechterrollen und Sexualität zu bewältigen.
4. High Heels sind eine heimtückische Erfindung von Männern, um Frauen zu unterwerfen.
5. Ballerinas sind besser für die Füße als Stöckelschuhe.
6. Flipflops sind gut, wenn die Füße wehtun und sich von Stöckelschuhen oder zu engen Schuhen erholen müssen.
7. Wenn man in den Schuhen die Zehen bewegen kann, sollte man sie in einer kleineren Größe nehmen.
8. Wenn eine Frau regelmäßig hochhackige, spitz zulaufende Schuhe trägt, verformen sich ihre Füße.
9. Manchmal tun die Schuhe im Laden etwas weh, doch das ist kein Problem, denn man kann sie nach dem Kauf noch einlaufen.
10. Seit über 500 Jahren werden Frauen vor den Gefahren gewarnt, die das Tragen von Plateau- und Stöckelschuhen mit sich bringt.

1. Falsch 2. Richtig 3. Richtig 4. Falsch 5. Falsch
6. Falsch 7. Falsch 8. Richtig 9. Falsch 10. Richtig

Einführung: Hals über Kopf

Es geschah 2008 bei einer Prada-Modenschau in Mailand. »Ich erlebte eine Panikattacke, meine Hände zitterten«, erinnert sich ein Laufstegmodel. »In der Garderobe weinten einige Mädchen, weil sie solche Angst hatten.« Woher die Aufregung – ein Terroranschlag? Eine Explosion? Gab es ein Attentat auf den Premierminister? Nein. Diese Frauen fürchteten den Gang auf dem Laufsteg in den extrem hohen Schuhen der Saison. Zwei Models stolperten und fielen hin; Leute aus dem Publikum halfen ihnen wieder auf die Beine. Eine der beiden war dermaßen erschüttert, dass sie in der Garderobe verschwand und nicht wieder auftauchte. Die andere beendete ihren Lauf mit den Schuhen in der Hand und bekam dafür stehende Ovationen.[1]

Seit jenem Tag stolperten Models in Riemchensandaletten mit 12,5-Zentimeter-Absätzen auf Modenschauen von Designern wie Gucci, Miu Miu, Hervé Léger by Max Ariza, Emilio Pucci, Dsquared2 und Rodarte. Bei einer Schau von Brian Reyes 2009 in New York verursachten die spitzen Manolo-Blahnik-Pumps, die die Models trugen, so viele Stürze und waren so unbequem, dass zum Finale schließlich *jedes* Model barfuß lief.[2] Der Zeitschrift *Harper's Bazaar* zufolge sah es auf den Laufstegen wie in einer Folge von *Emergency Room* aus.[3] Naomi Campbell war 1994 in 23 Zentimeter hohen Schuhen der britischen Punk-Designerin Vivienne Westwood gestürzt. Doch das war damals ein einmaliges Ereignis. Fünfzehn Jahre später fielen die

Models um wie die Fliegen. Unterdessen müssen Models, die sich vernünftigerweise gefährlichem Schuhwerk verweigern, den Preis dafür in beruflicher Hinsicht zahlen. 2009 weigerten sich gleich mehrere international bekannte Models, 25-Zentimeter-Stilettos auf dem Laufsteg einer Alexander-McQueen-Modenschau zu tragen und wurden kurzerhand von der Schau gestrichen.

Wenn schon Laufstegmodels, die dafür bezahlt werden, die Kreationen von Designern zu tragen, diese extrem hohen Absätze nicht tragen können, wer dann? Nun ja, viele gewöhnliche Frauen haben sich im letzten Jahrzehnt daran versucht. Schuhe mit 12, 15, 18 Zentimeter hohen Absätzen und SM-inspirierten Riemchen werden uns als hochaktuell, trendig und schick vermarktet. Diese »schlechten« Schuhe sind überall in den Läden, und Frauen tragen sie tatsächlich, nicht nur abends, wenn sie ins Restaurant, auf eine Party oder zu einer Veranstaltung gehen – sondern den ganzen Tag über. »In den letzten Jahren«, so Jessica Morgan, die auf der Website Go Fug Yourself über modische Fauxpas von Prominenten berichtet, »ist zu beobachten, dass sich Designer zunehmend verrücktere Absatzhöhen ausdenken – Schuhe, in denen Laufstegmodels kaum laufen können, und die wir uns nicht mal trauen, außer Haus zu tragen, weil wir fürchten, damit in einem ungünstigen Moment hinzufallen (zum Beispiel vor einen Bus). Doch egal wie wahnsinnig manche dieser Schuhe sind, gibt es immer noch Frauen, die deshalb in Ekstase geraten.«

Im Juni 2009 forderte Vogue-Redakteur André Leon Talley, regelmäßiger Gast in der ersten Reihe bei Designer-Modenschauen, ein Ende des Wahnsinns. Nachdem er sich die allgegenwärtigen »turmhohen Folterkammern, die für das Wohl der Füße oft schlecht gestaltet sind«, angesehen hatte, erklärte er: »Ich habe die Manie des sehr, sehr hohen Absatzes jedenfalls hinter mir. Allzu viele Karrierefrauen sehen aus wie eine Herde von Modebiestern, die einander in unpraktischem Schuhwerk nachäffen.« Talley wies darauf hin, dass Frauen früherer Generationen es verstanden hatten, elegant auszusehen ohne ihre Füße zu martern, und sagte, dass die heutigen Frauen die Kreationen der Designer ablehnen sollten. »Mir gefällt es durchaus, Frauen zu sehen, die es verstehen, auf einem vernünftig hohen Absatz anmutig dahinzugleiten.«[4]

Man kann nicht bestreiten, dass eine Frau, die »schlechte« Schuhe trägt, ihren Sexappeal steigert. Hohe Absätze wirken sich auf die Körperhaltung aus und lassen den Körper kurvenreicher aussehen, weil Becken und Brust zwangsläufig nach vorne kippen, um die Gewichtsverlagerung auszugleichen. Dadurch wirken die Beine länger und der Gang sexier. Nicht ohne Grund tragen Sexsymbole immer hohe Absätze.

Viele Frauen wollen zumindest hin und wieder sexuelle Wertschätzung erfahren. Sie wollen sich sexy fühlen und sie wollen von anderen als sexy beurteilt werden. Wenn sie zwanzig Häuserblocks zur Arbeit laufen oder einen Kinderwagen schieben oder zum Einkaufen in den Supermarkt flitzen oder einen Konferenzsaal betreten, dann stellen sie sich manchmal vor, einen Laufsteg entlang zu stolzieren. Das Leben mag chaotisch und hektisch sein, doch ein wenig Anerkennung für unser Äußeres kann viel dazu beitragen, ein angeschlagenes Selbstbild wieder zu stärken. Hochhackige Schuhe sind nicht bequem. Sie sind nicht praktisch. Oft sind sie nicht erschwinglich. Doch ein gutes Paar High Heels kann einer Frau das Gefühl geben, ein Rockstar zu sein.

Und das sollte es auch. Jede Frau, die nach einem Arbeitstag ein Fußbad nimmt oder sich die blutige Ferse bandagiert, weiß, dass Stolpern nur eine der Konsequenzen hochhackiger Schuhe ist. Sie tun weh. Manchmal tun sie FURCHTBAR weh. Was jede Frau NICHT weiß, ist jedoch genau das, worum ich mir Sorgen mache und der Grund, warum ich dieses Buch geschrieben habe. Es ist eine Tatsache: Regelmäßig getragen, kann jeder vorne spitz zulaufende Schuh mit einem über vier – ganz zu schweigen von zwölf – Zentimeter hohen Absatz eine Deformierung des Fußes verursachen. Die Trägerin eines solchen Schuhs muss gezwungenermaßen auf den Fußballen laufen, was zu einer Fehlstellung der Fußknochen führt. Im Laufe der Zeit verursachen wunderschöne Schuhe hässliche Füße, ganz abgesehen von den Schmerzen, die vom Fuß ins Knie in die Hüfte bis in den Rücken schießen.

In diesem Buch erkunde ich das Phänomen, dass Frauen sich entscheiden, »schlechte« Schuhe zu tragen. Frauen lieben sie, und das, obwohl die medizinischen Fakten eindeutig sind: sie sind schädlich für den Körper. Und das ist nichts Neues. Frauen in der westlichen Welt tragen mit Unterbrechungen seit über 500 Jahren »schlechte« Schuhe, während Frauen der östlichen Hemisphäre sich sogar noch länger von ihnen haben verführen lassen. Mit Schuhliebhaberinnen eine rationale Diskussion darüber zu führen, dass sie in Bezug auf die Wahl ihres Schuhwerks vernünftigere Entscheidungen treffen sollten, ist fast immer ein hoffnungsloses Unterfangen. Doch ich appelliere hiermit an Ihr Gewissen. Füße sind wichtig. Sie werden Sie für den Rest Ihres Lebens durch die Welt tragen. Sie müssen auf sie Acht geben.

An die Leserin, die ihre Stöckelschuhe liebt: Ich hoffe inständig, dass Sie sich nach der Lektüre dieses Buches entscheiden, weniger Zeit in ihnen zu stehen und zu laufen. Ich sage ja nicht, dass Sie sie nicht mehr tragen sollen. Auch ich trage »schlechte« Schuhe – aber in Maßen. Lassen Sie Vernunft dabei walten, wie oft und für wie lange Sie sie tragen. Tragen Sie sie zu oft, kommt es zur Missbildung Ihrer Füße. Und dafür bekommen Sie keine stehenden Ovationen.

1. Kapitel: Schöne Schuhe, hässliche Füße

Es war ein Montagmorgen während der schlimmsten Rezession in der US-amerikanischen Geschichte seit der Weltwirtschaftkrise von 1929, doch darauf wäre an dem Tag, als ich die märchenhafte Designer-Schuhboutique 1022 Shoe bei Saks Fifth Avenue in Manhattan betrat, niemand gekommen. Auf dem Weg dorthin eilte ich an den Kosmetiktresen im Erdgeschoss vorbei und sprang just in dem Moment in den Express-Aufzug – der nur auf der achten Etage hält –, als sich die Türen schlossen. Kurz darauf trat ich hinaus – und siehe da! Vor mir reihte sich ein Kaleidoskop von Peeptoe-Pumps aus Lackleder von Christian Louboutin auf. Ein Paar war aquamarinblau, das nächste war so rot wie eine Maraschinokirsche. Andere lockten in Bubblegumpink, Sonnenblumengelb und Meergrün. Ach, und dort drüben auf der anderen Seite der Auslage – da gab es noch eine Variante in Wildtieroptik in Braun- und Beigetönen und Schwarz.

Jimmy Choo, Yves Saint Laurent, Chanel, Oscar de la Renta, Dior, Valentino, Dolce & Gabbana – die Namen spielen eigentlich keine Rolle. Alle Schuhe bei 1022 Shoe – die Riemchensandaletten, die Slingpumps, die Pumps mit geschlossener Ferse – sahen mehr oder weniger gleich aus. Das Style-Schema der laufenden Saison: hoher, dünner Stiletto-Absatz; 2,5 Zentimeter hoher bezogener Plateauabsatz; vorne offen und spitz zulaufend; leuchtende Farben, Lackleder, metallic und/oder psychedelische Farben.

Manchmal ein extra dekoratives Element in Form einer Blume oder einer Schleife. Diese Schuhe waren umwerfend, extravagant, fantastisch. Es waren Kunstwerke; sie verwandelten die Trägerin in eine Prinzessin, eine sexy Göttin.

Und die Preise – 695, 1.025, 1.575 Dollar. Selbst wenn sich eine Frau ohne mit der Wimper zu zucken diese Preise leisten konnte, so waren die Schuhe doch unverschämt unpraktisch. Wer könnte darin länger als ein paar Minuten stehen, geschweige denn laufen? Die Absätze waren knapp 13 Zentimeter hoch und so unglaublich dünn. Der Teil des Absatzes, der den Boden berührt, war etwa so groß wie ein Tic Tac. Die Wörter »humpeln« und »verkrüppeln« kamen mir in den Sinn. Selbst die Stiefel waren nicht zweckmäßig – die meisten waren vorne offen.

Sie strotzten auch vor Sexappeal. Die Absätze waren so hoch und die Schuhe selbst so offen und gewagt, dass ich mir nicht vorstellen konnte, dass außer Stripperinnen und anderen Sexarbeiterinnen jemand sie ohne Ironie tragen würde. Diese Schuhe sahen aus als gehörten sie zum Set eines Pornofilmdrehs.

Doch die vielen Frauen im Laden stöberten nicht nur, sondern probierten die Schuhe an und kauften gleich mehrere Paare. Ich machte mich an zwei Schwestern heran, beide in ihren Zwanzigern, Touristinnen aus Australien, die Yves-Saint-Laurent-Schuhe anprobierten. Die Pumps hatten 13 Zentimeter hohe Absätze. »Wie lange könnt ihr die tragen, bis euch die Füße wehtun?«, fragte ich. »Ich kann sie einen ganzen Abend lang tragen«, sagte die eine.

Ihre Schwester nickte. Die Mutter der beiden gestand: »Ich kann sie zwar tragen, aber nicht darin herumlaufen.« Doch auch sie kaufte Stöckelschuhe. Tatsächlich war eine ganze Reihe der Kundinnen alles andere als jung. Selbst Frauen in ihren Sechzigern und Siebzigern mit allzu straffer Gesichtshaut und unrealistisch blondem Haar zückten hier bereitwillig ihre Kreditkarten.

Die eigenen Füße in sportliche Schnürschuhen verpackt, setzte ich mich. Ich lehnte mich auf einem der kiesfarbenen Wildledersofas zurück und bestaunte die Kronleuchter – stufenförmig aufgehängte Glaskugeln. Ich sah mich um und bemerkte die Kunststofffüße, die in einigen der ausgestellten Schuhe steckten. Die künstlichen Füße waren realistisch geformt, inklusive Fußspann und allem, was dazugehört. Allerdings passte keiner der künstlichen Füße in einen Schuh. Die Unterseite der Kunstfüße berührte die Innensohle der Schuhe nicht und hing stattdessen merkwürdig in der Luft. Doch wen kümmerte das. Im echten Leben ziehen zukünftige Prinzessinnen die Zehen ein und zwängen die Fersen hinein.

Beim Hinausgehen blieb ich bei einem der Verkäufer stehen und unterhielt mich mit ihm. (Das Verkaufspersonal bestand größtenteils aus Männern in dunklen Anzügen. Frauen, die märchenhafte Stöckelschuhe kaufen, brauchen anscheinend Männer in dunklen Anzügen, die vor ihnen niederknien, und sind bereit, für dieses Privileg unverschämte Preise zu zahlen.) Er erzählte mir, dass die Absätze dieser Saison die höchsten aller Zeiten waren. Doch keine Sorge. Er nahm einen Louboutin-Schuh und zeigte mir, dass der Absatz an sich zwar 13 Zentimeter hoch war, der Schuh jedoch ein Fünf-Zentimeter-Plateau hatte. »In Wirklichkeit«, erklärte er triumphierend, »ist der Absatz also nur acht Zentimeter hoch!« Doch auch so muss eine solche Absatzhöhe wehtun und es muss schwer sein, darin zu laufen, ohne mit dem Fuß umzuknicken.

Schuhe haben die Macht, aus einem mondänen Outfit ein zauberhaftes zu machen. Hochhackige Schuhe schaffen die Illusion verlängerter Beine, was schlanker macht. Und Schuhe einzukaufen ist relativ einfach; man muss nicht in eine Kabine und sich ausziehen. Für viele Frauen, mich eingeschlossen, hat das Schuhekaufen schon deswegen einen besonderen Reiz. Ist doch egal, wenn ich die Zehen etwas zusammenquetschen muss, um hineinzupassen, oder wenn ich ein paar wunde Stellen und Blasen bekomme. Das ist schließlich der Preis dafür, eine Frau zu sein, oder?

Ich bin zwar ungern die Überbringerin schlechter Nachrichten, meine Damen, aber Sie sollten sich im Klaren darüber sein, dass die modischsten hochhackigen Schuhen, egal wie schick und statusträchtig sie auch sein mögen, Ihren Füßen schaden. Und es sind nicht nur die Stöckelschuhe, auf die wir unser Augenmerk richten müssen. Flipflops und Ballerinas können genauso schädlich sein wie High Heels. Seit der Römersandalentrend wie Phönix aus der Asche aufgestiegen ist, sieht man allerorten Knöchel umschlungen von komplizierten Riemchen und Schnallen. Lassen Sie sich nicht täuschen. Total platte Sohlen ohne stützendes Fußbett können einer Frau das Gefühl geben, sie hätte den ganzen Tag in einem römischen Amphitheater gekämpft.

Aber machen Sie sich keine Sorgen. Es gibt immer noch unzählige bestechende Schuhe, die Sie bequem, sicher und feminin tragen können. Nach der Lektüre dieses Buches werden Sie alle Tricks kennen, um bezaubernd auszusehen ohne dafür zu leiden. Sie müssen Ihre schicken Schuhe nicht aufgeben, doch Klugheit walten lassen, wenn Sie sie tragen.

Es ist in Ordnung, ein- bis zweimal in der Woche zu einer Party, einem Date oder einem besonderen Anlass für ein paar Stunden hohe Schuhe zu tragen. Ich sage ja nicht, Sie sollen einen Sack mit all Ihren Stöckelschuhen in die Altkleidersammlung geben. Und selbst wenn ich es täte, würden Sie ja doch nicht auf mich hören. Behalten Sie also Ihre High Heels. Aber eines sollten Sie wissen: Es ist unklug hohe Schuhe zu tragen, wenn man darin lange laufen oder stehen muss, und es ist geradezu beschränkt, sie jahrelang täglich und den ganzen Tag über zu tragen. Wenn Sie diese Warnungen ignorieren, wird der Tag kommen – vielleicht im nächsten Jahr, vielleicht erst in fünf oder zehn Jahren – da Sie mit Schmerzen aufwachen. Sie werden auf die Jahre zurückblicken, da Sie sich immer wieder für die »schlechten« Schuhe entschieden haben, und werden sich fragen: »Du meine Güte, was habe ich bloß getan?«

In Sex and the City stöckeln Carrie und ihre Freundinnen auf den Gehwegen von Manhattan in High Heels, die denen bei Saks sehr ähnlich sind – Schuhe, die den Zehen kaum Platz und dem Fuß keinen Halt bieten, die ein unmenschlich schmales Fußbett haben und so steil gebaut sind, dass die Füße nach vorne rutschen und man gezwungen ist, auf den Fußballen zu laufen. Ich frage mich nicht, ob sie bis an ihr Lebensende glücklich leben werden, sondern ob sie wohl Hallux valgus (wenn der große Zeh schief steht und zum kleinen Zeh statt nach vorne zeigt) und

Hammerzehen (wenn die Zehen nach unten gebogen sind) oder andere fiese Leiden bekommen.

Viele von uns schrecken beim Anblick orthopädischer Schuhe zurück, da sie geschlechtslos und ohne jeglichen Stil sind und die Trägerin unweigerlich älter machen. Sie werden es nicht glauben, doch indem Sie Schuhe tragen, die Sie mit Sexappeal und Jugendlichkeit verbinden, machen Sie Ihre Füße tatsächlich hässlicher. Es klingt paradox, doch es stimmt: Im Streben nach Schönheit, schaffen Sie Hässlichkeit.

Jedes Jahr im Frühling, wenn die Temperaturen steigen und Kinder sich vergnügt in Parks und Schwimmbäder stürzen, schauen Millionen Frauen an sich herunter und stöhnen. Sie sehen unförmige Zehen, hässliche Hühneraugen, die da plötzlich sprießen, und oje, was ist das eigentlich für eine abscheuliche knochige Ausbuchtung unterhalb des großen Zehs? Statt die Freiheit von Sandalen zu genießen, schämen sich viele Frauen ihrer Füße und bedecken sie. Laut einer Studie der amerikanischen Vereinigung für medizinische Podologie (APMA) von 2008, geben über 50 Prozent der Frauen an, dass sie sich »immer, oft oder manchmal« für ihre Füße schämen.[5]

»Man ist sich generell darüber einig, dass wer bis zu zehn Jahre lang schicke hochhackige Damenschuhe trägt, die vorne eng sind und spitz zulaufen, mit den üblichen Fehlbildungen des Fußes, die direkt auf die Schuhe zurückzuführen sind, rechnen muss«, sagt Dr. Carol Frey, Forschungsexpertin auf dem Gebiet der Risiken, denen Frauenfüße durch modisches Schuhwerk ausgesetzt sind und außerdem orthopädische Chirurgin im kalifornischen Manhattan Beach und klinische Professorin für orthopädische Chirurgie an der University of California in Los

Angeles. »Zu den Krankheitsbildern gehören Hallux valgus, Schneiderballen, eingeklemmte Nerven, eingewachsene Zehennägel, Hühneraugen und Schwielen.«

Hinzu kommt, dass viele Frauen sich dermaßen in einen Schuh verlieben, dass sie ihn kaufen und tragen, obwohl er eigentlich zu klein ist. »Vor etwa acht Jahren«, bekennt eine Frau, »hatte ich ein hochhackiges Paar Plateauschuhe von Prada mit Zebramuster und einer Schleife in Knallpink im Auge. Sie waren wahnsinnig teuer und ich konnte es nicht rechtfertigen, so viel Geld auszugeben. Dann gab es sie im Angebot, aber nur eine halbe Größe zu klein für mich. Also kaufte ich sie und quetschte meine Füße hinein. Sie taten weh, aber ich trug sie. Ich wusste ja, dass das nicht gut war, aber ich bekam so viele Komplimente.«

Oft stimmt die Größe eines Schuhs theoretisch sogar, doch passt der Fuß der jeweiligen Frau nicht richtig hinein, weil der Schuh unnatürlich geformt ist. Allerdings hält sie das nicht davon ab, ihn zu tragen: »Ich hatte neulich ein paar Schuhe an, die zwar die richtige Größe hatten, in denen meine Füße aber beinahe umkamen«, erzählt eine andere Schuhliebhaberin. »Ich behielt sie dennoch an, obwohl ich wusste, dass ich abends fürchterliche Schmerzen haben würde. Sie hatten etwa 7,5 Zentimeter hohe Absätze und ich trug sie den ganzen Tag lang. Sie passten perfekt zu meinem Kleid. Sie sind aus Tweed, grau und schwarz mit einer grob gerippten Seidenschleife. Ich werde sie wahrscheinlich noch mal tragen, weil sie so gut zu diesem Kleid passen.«

Die modischen Schuhe der meisten Frauen sind anders geformt als die freien, nackten Füße einer Frau. Füße sind meistens vorne breiter als an der Ferse und die Zehen ballen sich üblicherweise nicht zu einer Pfeilspitze zusammen. Wie die meisten Frauen hatten Sie wahrscheinlich keine Ahnung, dass mit dem Tragen von Schuhen, die in der Form stark von Ihrer Fußform abweichen, eine Katastrophe vorprogrammiert ist. Schließlich ist es ja völlig in Ordnung, den eigenen Hintern in enge Jeans zu zwängen: das Schlimmste, das passieren kann, ist dass Ihre Hüften über den Rand quellen. Sie können in eine andere Jeanshose schlüpfen, die hinausquellenden Wülste verschwinden, und Sie können wieder atmen. Puh! Doch Schuhe sind keine Jeans und Füße sind kein Hüftgold. Die New Yorker Fußchirurgin Johanna Youner sagt dazu: »Wenn Sie dauerhaft hochhackige Schuhe tragen, passen Sie Ihre Füße der Form eines hochhackigen Schuhs an, doch so sollte ein Fuß eigentlich nicht aussehen.«

Wenn es um Mode für die Füße geht, dürfen wir nicht vergessen, dass Knochen, Sehnen, Muskeln und Bänder dabei eine Rolle spielen. Das Gewicht Ihres Körpers, das mit jedem Schritt auf Ihren Füßen landet, ist enorm. »Im Endeffekt ist der Fuß hauptsächlich dazu da, den Überbau des Körpers gegen Erschütterungen abzupuffern«, unterstreicht Dr. Rock Positano. Er leitet den nicht-operativen Fuß- und Fußknöchel-Dienst an der New Yorker Klinik für Spezialchirurgie und berät das Baseballteam New York Mets sowie das Footballteam New York Giants in Sachen Füße und Fußknöchel.

Männer wie Frauen müssen auf ihre Füße Acht geben, um Problemen vorzubeugen, doch besonders Frauen müssen endlich aufwachen und den Tatsachen ins Auge sehen. Einer Studie der APMA (amerikanische Vereinigung für medizinische Podologie) von 2009 zufolge leiden sehr viel mehr Frauen als Männer – ganze 87 im Vergleich zu 68 Prozent – unter schmerzhaftem Schuhwerk.[6] Aufgrund einer kulturellen Erwartungshaltung an Femininität, fühlen sich nur Frauen dem Druck ausgesetzt, regelmäßig Schmerzen erdulden zu müssen. Nur Frauen sind dazu sozialisiert zu glauben, chronische Schmerzen seien normal und eben der Preis dafür, als attraktiv zu gelten.

Als Fußchirurgiepatientinnen übertreffen Frauen Männer bei weitem. Schwindelerregende 94 Prozent aller Hallux valgus-Operationen werden an Frauen vorgenommen. Frauen legen sich auch unverhältnismäßig oft unters Messer, um Hammerzehen (81 Prozent), Neurome (89 Prozent) und Schneiderballen (90 Prozent) operieren zu lassen.[7] Beschreibungen dieser unansehnlichen, unangenehmen und zuweilen unerträglichen Krankheiten finden sich in Kapitel 3.

Ich glaube, dass wenn einer Frau völlig bewusst ist, dass sie Hammerzehen und Hallux valgus bekommen kann, wenn sie ihre Lieblingsschuhe trägt, und diese Entscheidung nach bestem Wissen und Gewissen trifft, dann ist das ihre Entscheidung. Es ist jedoch so, dass die meisten Frauen nicht gut informiert sind und daher ihre Füße für Mode und Schönheit aufs Spiel setzen ohne sich darüber im Klaren zu sein, was sie da tun.

Ich würde ernsthaft vorschlagen, dass vorne enge, spitz zulaufende, hochhackige Schuhe mit einem Warnhinweis versehen werden müssten, genau wie bei Zigaretten: »Diese Schuhe sind ein Gesundheitsrisiko. Das regelmäßige, länger andauernde Tragen dieser Schuhe kann zu Fehlbildungen, Schmerzen und hässlichen Füßen führen. Möglicherweise verkürzen sich Ihre Achillessehnen, so dass Sie, auch wenn Sie das möchten, keine flachen Schuhe mehr tragen können. Mit Vorsicht zu tragen.«

Viele Menschen glauben irrtümlicherweise, dass der Lebensstil von Prominenten für jede/n von uns erreichbar ist. Doch die Stars sind nicht wie wir, selbst wenn Paparazzi sie auf dem Markt dabei erwischen, wie sie das gleiche Müsli kaufen, das wir auch essen. Nachdem Susan Sarandon mit 46 und Geena Davis mit 48 noch Kinder bekamen, nehmen allzu viele ansonsten vernünftige Frauen törichterweise an, dass auch sie weit über ihre fruchtbaren Jahre hinaus schwanger werden können. Nur weil wir Prominente bei Preisverleihungen und Premieren auf dem roten Teppich in Stilettos sehen, bedeutet das nicht, dass wir alle regelmäßig solche Schuhe tragen können oder sollten.

Heute ist es dringend notwendig, Frauen aufzuklären, so dass sie bezüglich ihres Schuhwerks intelligente Entscheidungen treffen können, und zwar aufgrund von zwei aktuellen Trends.

Zunächst betrachten heute viele Frauen extrem hohe Schuhe als unverzichtbaren Bestandteil ihrer Garderobe, und sie sparen sich diese Schuhe nicht nur für besondere Gelegenheiten auf; sie tragen sie den ganzen Tag, jeden Tag. High Heels bei der Arbeit und auf der Straße sind natürlich nichts Neues, doch heutzutage werden atemberaubende Höhen als selbstverständlich, als »normal« angesehen. In vergangenen Jahren war ein Neun-Zentimeter-Absatz oh là là. Heute wird eine solche Absatzhöhe als »mittel« eingestuft und Frauen fühlen sich unter Druck, bis auf 12,5 Zentimeter zu gehen.

Als ich in der Jimmy Choo Boutique auf der Madison Avenue in Manhattan vorbeischaute, nahm ich ein Paar Slingpumps mit obszön hohen Absätzen (ohne Plateau) in die Hand und wandte mich der Verkäuferin zu. »Über 12,5 Zentimeter«, tat sie kund. »Können Sie darin laufen?«, fragte ich sie. »ICH nicht«, war ihre Antwort.

Ein anderes ausgestelltes Paar hatte neun Zentimeter hohe Absätze. »Das sind die mittelhohen Absätze«, verkündete die Verkäuferin ohne jegliche Ironie. »In denen können die Leute laufen.«

Eigentlich sind schon Neun-Zentimeter-Absätze für viele schmerzhaft und für die meisten tückisch. Dennoch wird diese Absatzhöhe als Kinderspiel abgetan. Die »In und Out«-Seite der Juni-Ausgabe von HARPER'S BAZAAR von 2009 sagt alles: »In: Himmelhohe Stilettos. Out: Mittelhohe Pumps.«

Die neue Neun-Zentimeter-Norm wurde größtenteils von dem Designer Christian Louboutin fabriziert, dessen Markenzeichen Schuhe mit roten Sohlen sind, derzeit der Renner bei Promis auf dem roten Teppich. Die wenigsten Modefans wissen, wie man seinen Namen ausspricht, das hält sie jedoch nicht davon ab, seine von Pornographie inspirierten Stelzen zu tragen. Als ich seine Boutique in der Madison Avenue besuchte, waren einige der High Heels – und das habe ich mir nicht ausgedacht – über 15 Zentimeter hoch. Ich konnte mich nicht entscheiden, was obszöner war – die Höhe der Absätze oder die der Preise. Im Preis reduziert, wurden die meisten Modelle für 657 Dollar (von 1095 heruntergesetzt) verkauft.

Was mich an dem Trend immer höher hinauszuwollen überrascht, ist dass es besonders nach dem 11. September 2001 so völlig dem gesunden Menschenverstand widerspricht. Neben anderen schrecklichen Bildern von jenem Tag habe ich noch lebhaft die Frauen in Manhattan in Erinnerung, die hochhackige Schuhe zur Arbeit getragen hatten. Völlig verzweifelt zogen sie ihre Schuhe aus und flohen barfuß. Dieser Extremfall zeigt die unpraktische Realität vieler Schuhe für Frauen. Sollten Schuhe denn nicht Beweglichkeit ermöglichen oder diese zumindest nicht behindern?

Diese Frage stellte ich Elizabeth Semmelhack, Direktorin des Bata Schuhmuseums in Toronto und Autorin eines Buches über hochhackige Schuhe: HEIGHTS OF FASHION: A HISTORY OF THE ELEVATED SHOE. Auch sie findet den Trend nicht nachvollziehbar. Im Jahre 2001 hatte Semmelhack gerade eine Zeitschiene fertiggestellt, auf der die Geschichte hoher Absätze durch die Jahrhunderte festgehalten war. »Der letzte Schuh, den ich draufsetzte, war von Tom Ford. Er war sehr fetischartig und hatte einen sehr hohen Absatz. Dann passierte der 11. September. Frauen wurden zitiert, die sagten, sie würden nie wieder hochhackige Schuhe tragen. Ich fragte mich, wie wohl der nächste Schuh auf meiner Zeitschiene aussehen würde. Ich habe absolut mit einem flachen Schuh gerechnet. Aber es gab nicht mal ein kurzes Innehalten! Die Frauen haben nicht einen Moment lang eine gesunde Einstellung zu ihrem Schuhwerk angenommen. Das ist einfach nicht passiert.«

Ein anderer Trend ist die weit verbreitete Begeisterung für Flipflops. In den letzten zehn Jahren sind Flipflops zur Grundausstattung bei Frauen, Männern, Kindern und Jugendlichen geworden. Sogar Edeldesigner wie Chanel und

Manolo Blahnik stellen sie her. Jährlich werden schätzungsweise 220 Millionen Paare verkauft, die mehr als 15 Dollar kosten (also ausgenommen der Billigschlappen aus der Drogerie).[8]

Viele Frauen schlüpfen in Flipflops, weil ihnen nach stundenlangem Tragen von High Heels die Füße wehtun. Irrtümlicherweise glauben sie, dass Flipflops wie Medizin für ihre schmerzenden Füße sind. Damit liegen sie allerdings völlig falsch. Da diese Art Sandalen keinerlei Halt bieten, bewegt und verdreht sich der Fuß, was zu einer Vielzahl an Verletzungen und Problemen führt, beispielsweise zu einer schmerzhaften entzündlichen Reizung der Fußsohlenbänder an der Ferse, Plantar Fasciitis genannt. Da Flipflops nicht aus der Mode kommen – so dass sie von Millionen zum Spazierengehen oder sogar Radfahren getragen werden – ist es besonders wichtig, dass Frauen wissen, wie sie ihren Füßen damit schaden. Flipflops gehören an den Strand oder ins Schwimmbad, und wer es nach dem Fußnägellackieren nicht eilig hat, kann sie noch eine halbe Stunde länger anbehalten – aber das war's dann.

Vielleicht denken Sie jetzt: »Was weiß denn diese Leora Tanenbaum überhaupt? Bestimmt trägt sie so vernünftiges Schuhwerk wie die Queen. Bestimmt ist sie eine erdverbundene Feministin, die noch nie den Adrenalinrausch gespürt hat, der das Tragen atemberaubender hochhackiger Plateau-Peeptoes auslöst.« Lassen Sie mich dazu etwas sagen. Auch ich liebe schöne hochhackige Schuhe, was mich dazu brachte, dieses Buch zu schreiben. Ich verkörpere beim besten Willen nicht das Motto »Zurück zur Natur«. Ich esse zwar gesund, doch mir schmeckt auch rotes Fleisch. Mein Mann, der sehr gerne wandern geht, muss mich drängen, mitzukommen. Ja, ich bin eine Feministin. Aber stellen Sie sich vor: Feministinnen haben nichts gegen Schönheit oder Freude. Es macht mir Spaß, mich zu schminken und aufzubrezeln. Ich trage manchmal sogar figurformende Wäsche unter meinen Wickelkleidern.

Lassen Sie mich meine Geschichte erzählen. Vor einem Jahr fingen meine Füße und Knie an zu schmerzen, selbst wenn ich flache Schuhe oder Turnschuhe trug. Es wurde so schlimm, dass ich einen Fußspezialisten aufsuchte, der mir mitteilte, ich hätte Hallux valgus. HALLUX VALGUS? Bei dem Wort dachte ich an Halluzinationen. Es stellte sich heraus, dass meine Knickfüße (Senkung des inneren Fußrandes), von denen ich immer angenommen hatte, sie hätten abgesehen von einem etwas plumpen Gang keine weiteren Auswirkungen, ein Gesundheitsrisiko sind.

Dem Fußspezialisten zufolge waren meine Schuhe nicht die Ursache für den Hallux valgus – der Vererbung sei Dank – doch verschlimmerten sie das Problem. Ab sofort, so verkündete er, sollte ich in all meinen Schuhen, Sandalen und Stiefeln individuell angefertigte orthopädische Einlagen tragen. Er empfahl mir keine Operation, obwohl viele, die unter Hallux valgus leiden, sich unters Messer legen. Wie betäubt angesichts der hohen Kosten orthopädischer Einlagen, welche die Krankenversicherung nicht übernimmt, brauchte ich eine Weile, um zu begreifen, dass mir eine einschneidende Veränderung in meinem Leben bevorstand. Schicke Schuhe, besonders Slingpumps und hinten offene Mules gehen nicht mit Einlagen zusammen. Ich bin zwar nie eine Modefanatikerin gewesen, doch habe ich auch keinesfalls damit gerechnet, vor der Mitte meines Lebens im Schuhladen die Oma-Abteilung zu durchstöbern.

Hallux valgus ist kein Spaß. Das ist mein abschreckendes Beispiel. Doch Sie brauchen sich nicht auf mich zu verlassen. Hören Sie sich die Meinung der medizinischen ExpertInnen an.

»Der menschliche Körper ist nicht dazu gemacht, auf acht oder zehn Zentimeter hohen Stöckelschuhen zu laufen, die erhebliche anatomische Fehlbildungen hervorrufen und zu orthopädischen Problemen vom Kreuz bis zu den Füßen führen können«, schreibt Glenn Copeland, beratender Fußspezialist für das kanadische Baseball-Team Toronto Blue Jays und gemeinsam mit Stan Solomon Autor des Buches THE GOOD FOOT BOOK: A GUIDE FOR MEN, WOMEN, CHILDREN, ATHLETES, SENIORS – EVERYONE. »Hochhackige Schuhe sind eine extreme Belastung für die Rückseite der Beine, die Knie und das Kreuz.«[9]

Die Amerikanische Orthopädische Gesellschaft für Füße und Fußknöchel (AOFAS) warnt: »Die vorherrschenden Fehlbildungen des vorderen Fußes, dazu gehören Hallux valgus, Hammerzehen, Klauenzehen, Hühneraugen, Neurome und Schneiderballen, stehen in Zusammenhang mit dem wiederholten Tragen schlecht passender Schuhe.«[10]

»Ich sage meinen Patientinnen, sie sollen sich ihre hübschen Zehn-Zentimeter-Stöckel für Ausgehabende zum Dinner aufsparen und sie nicht länger als zwei Stunden tragen«, sagt mir Dr. Youner. »Sie sollten damit nicht weiter als vom Auto bis zum Restaurant laufen. Ich habe eine Patientin, die im Januar mit ihren Zehn-Zentimeter-Absätzen stürzte und dann bis Mai einen Gips trug. Sie hatte viele gebrochene Knochen im mittleren Teil des Fußes. Es war wirklich schlimm und sie musste zur Physiotherapie. Es kann äußerst gefährlich sein, solche Schuhe zu tragen.«

»Ich sage den Frauen nie: ›Tragen Sie keine hohen Absätze‹, bekennt Dr. Positano. »Ich bin kein Gegner hoher Absätze. Ich bin nur dagegen, sie in Situationen zu tragen, die dafür ungeeignet sind. Ich sage: ›Tragen Sie keine hohen Absätze, wenn Sie damit drei Kilometer laufen oder fünf Stunden stehen müssen.‹ Wer sein Schuhwerk nicht mit Verstand trägt, gerät in Schwierigkeiten. Wenn man hochhackige Schuhe trägt, belastet man die Muskeln, die Sehnen, die Bänder und die Knochen stärker.«

Ich fragte Dr. Positano, ob es unausweichlich ist, dass eine Frau, die regelmäßig hohe Absätze trägt, Probleme mit den Füßen bekommt. »Das ist eine Art Russisches Roulette. Man kann immer wieder den Abzug betätigen, und vielleicht passiert lange Zeit gar nichts«, sagte er mir. »Doch irgendwann passiert eben doch was.«

Einer Umfrage zufolge, die die APMA (amerikanischen Vereinigung für medizinische Podologie) 2003 durchführte, laufen viele Frauen mit starken Schmerzen aufgrund ihrer Schuhe herum.[11] Liest man die Ergebnisse, möchte man einen Stiletto gegen das Schaufenster seines Lieblingsschuhladens werfen:

- Fast drei Viertel (72 Prozent) der Frauen tragen hohe Absätze, 39 Prozent tragen sie täglich.
- Fast drei Viertel (73 Prozent) der Frauen berichteten von körperlichen Beschwerden, verursacht oder verschlimmert durch das Tragen bestimmter Schuhe.
- Von 20 Prozent der Frauen werden hochhackige Schuhe ein bis vier Stunden am Tag getragen, von 19

Prozent fünf oder mehr Stunden. Zehn Prozent tragen über acht Stunden täglich hohe Absätze. Aua.

- Die häufigsten Fußleiden sind Blasen (36 Prozent), Schmerzen im Fußballen (35 Prozent) sowie Hühneraugen und Schwielen (29 Prozent), gefolgt von Schmerzen im Fußspann (26 Prozent), Fersenschmerzen (23 Prozent), eingewachsene Zehennägel (16 Prozent) und Hallux valgus (15 Prozent).
- Die meisten Frauen (62 Prozent) tragen mindestens fünf Zentimeter hohe Absätze.
- Eine große Mehrheit (72 Prozent) berichtete, dass sie aufgrund eines Fußleidens einen bestimmten Schuh nicht mehr tragen kann.

Wenn man mal einen Schritt zurücktritt – angenommen, das ist in den Schuhen, die man trägt überhaupt möglich – muss man sich wirklich fragen, ob (amerikanische) Frauen beim Schuhkauf ihr Gehirn abschalten. In einer Stellungnahme der Amerikanischen Orthopädischen Gesellschaft für Füße und Fußknöchel (AOFAS) heißt es: »Fußleiden, die auf schlecht passendes Schuhwerk zurückzuführen sind, haben ein epidemisches Ausmaß angenommen und stellen für Frauen in Amerika ein bedeutendes Gesundheitsrisiko dar.«[12]

Ich hatte inzwischen genügend Zeit, um die Auswahl »bequemen Schuhwerks« genauer unter die Lupe zu nehmen. Tatsächlich ist die Auswahl gar nicht so beschränkt. Viele Firmen stellen inzwischen gesunde Schuhe her, die nicht hässlich sind, manche sind sogar ganz hübsch. Mit jeder Saison werden sie ein bisschen stylisher, deshalb sehe ich der Zukunft hoffnungsfroh entgegen. Viele Schuhe haben auch herausnehmbare Innensohlen, so dass man sie durch orthopädische Einlagen ersetzen kann. Ich trage zwar ein- bis zweimal in der Woche hochhackige Schuhe ohne Einlagen, aber dann immer nur für ein paar Stunden am Stück und ich laufe in ihnen niemals längere Strecken.

Wir wissen alle, dass ein feminines Aussehen mit Schmerzen verbunden sein kann – durch Zupfen, Wachsenthaarung, chemische Peelings und Spritzen. Unabhängig davon, ob wir diese Situation akzeptieren oder ablehnen, können wir uns darauf einigen, dass eine Frau ihrem Körper keine bleibenden Schäden zufügen sollte, bloß um attraktiv auszusehen. Alle, die dieses Buch lesen und gesunde Füße haben, flehe ich an, sie sich jetzt, da sie es noch können, zu erhalten. Zupfen und wachsen Sie, wenn es Ihnen beliebt. Doch wählen Sie Ihr Schuhwerk mit Bedacht; lassen Sie nicht zu, dass schlecht passende Schuhe den Blutkreislauf zu Ihrem Gehirn unterbrechen.

2. Kapitel: Liebesgeschichten, Horrorgeschichten

»Ich stehe auf Schuhe«, sagen Schuhliebhaberinnen gerne. »Ich bin Schuh-Fan.« Oder: »Schuhe sind absolut mein Ding.« Die unter 45-Jährigen erzählen mir auch mal: »Ich bin eine echte Carrie Bradshaw.« Sind sie über 45, sagen sie mir: »Sie sollten mal meinen Schrank sehen. Ich bin wie Imelda Marcos.«[13]

Es aufschlussreich, dass ganz normale Frauen eine Affinität zu legendären Persönlichkeiten haben, die für das gierige Anhäufen hinreißender Schuhe bekannt sind. Schuhe üben auf Frauen einen besonderen Zauber aus, den andere Kleidungsstücke nicht haben. Anders als Kleider, Röcke oder Blusen, behalten Schuhe ihre Form, auch wenn sie nicht getragen werden, wodurch sie etwas Verheißungsvolles haben. Wenn Sie ein Paar High Heels in einem Kaufhaus oder in einem Modemagazin erblicken, können Sie sich darin vorstellen und wie sie zu einer Person werden, die ein magisches Leben führt, die anmutig dahingleitet und keine vernünftigen Schnürschuhe tragen muss.[14] Die Fantasie könnte tatsächlich Wirklichkeit werden, wenn Sie in die Schuhe schlüpfen und sie mit Leben füllen.

Oft ist das, was Frauen an Schuhen »lieben«, dieser erregte Schauer von ungeahnten Möglichkeiten, von Erwartung. Wenn sie ein ungewöhnliches Paar Schuhe betrachten, egal ob mit oder ohne hohe Absätze, denken sie: *Das ist es, was ich sein könnte. Wenn ich diese Schuhe trage, werde ich ein neuer Mensch – ein besserer Mensch – ein Mensch, den andere furchtlos und aufregend finden. Dann bin ich nicht länger eine Frau, die ungeschickt umherstapft und dahinschlappt. In diesen Schuhen kann ich lebenslustig, trendig, unberechenbar sein. Damit ist alles möglich.*

Doch wie wir wissen, bleibt dieser Traum leider unerreichbar. Traumhafte Schuhe führen nicht zu einem sorglosen Leben, nicht mal zum Schein. Ein klassisches Beispiel ist Dorothy in dem Film DER ZAUBERER VON OZ. In dem Roman von L. Frank Baum, der dem Film zugrunde liegt, trägt sie silberfarbene Schuhe, im Film aus dem Jahre 1939 sind diese jedoch auf denkwürdige Weise mit roten Pailletten besetzt. Solange Dorothy ihre grellen rubinroten Tanzschuhe trägt, lebt sie in einer Märchenwelt, an der sie gar nicht beteiligt sein will, weil sie ihr Zuhause vermisst. Als sie in die Realität ihres Lebens in Kansas zurückkehrt, trägt sie praktische Schnürschuhe an den Füßen.

Eine höchst pädagogische (und blutrünstige) Moralgeschichte, die von augenfälligen Schuhen handelt, ist sicherlich Hans Christian Andersens Märchen »Die roten Schuhe«. In dieser Geschichte von 1845 ist Karen, ein verarmtes, verwaistes Mädchen, so hingerissen von einem Paar roter Schuhe, das ihr wohltätig geschenkt wurde, dass sie an nichts anderes mehr denken kann, selbst wenn sie in der Kirche zur Kommunion geht. Karen verweigert sich den religiösen und gesellschaftlichen Normen, die Demut und Bescheidenheit verlangen. Die Dorfbewohner verurteilen sie für ihre Eitelkeit. Die roten Schuhe sind eine sexuelle Provokation und symbolisieren ihren Wunsch, ihren eigenen Willen durchzusetzen. Zur Strafe kleben die Schuhe an ihren Füßen fest und zwingen sie dazu, unaufhörlich zu tanzen. Karen ist irgendwann körperlich so erschöpft, dass sie nicht weitermachen kann. Verzweifelt bittet sie einen Henker ihr die Füße abzuhacken, wodurch sie zu einem asexuellen, abhängigen Krüppel wird, der auf Krücken daherhumpelt. Sie fleht ihren Schöpfer um Vergebung an, und ihre Seele schwebt empor zu Gott.

Es liegt auf der Hand, dass sexuell provokative Schuhe für weiblichen Ungehorsam, weibliche Freiheit und Macht stehen können. Diese Geschichten spiegeln die Überzeugung vieler Frauen wider, dass das Tragen traumhafter Schuhe eine magische und bestärkende Erfahrung sein kann. Carrie Bradshaw, die Figur, die in SEX AND THE CITY von Sarah Jessica Parker gespielt wird, und die ihr gesamtes Geld für Designerschuhe ausgibt, wird häufig angeführt, wenn ich Schuhliebhaberinnen frage, warum sie eigentlich so auf Schuhe stehen. Es lohnt sich, einmal näher zu beleuchten, wofür sie steht: Eine Frau, die versucht ihre Identität, ihre Sexualität und ihr Image durch ihre Schuhe zu kontrollieren. Sie träumt davon, im Leben und in der Liebe erfolgreich zu sein, und sie glaubt, dass ihre Schuhe ihren Traum in Erfüllung gehen lassen werden.

Eine Folge der Serie wird immer wieder erwähnt. Sie trägt den Titel »Das Recht auf Schuhe« (was obszönerweise nahe legt, dass Frauen Schuhe ebenso wichtig sind wie die Wahl, ein Baby zu bekommen oder nicht) und Carrie besucht darin ihre Freundin Kyra, gespielt von Tatrum O'Neal, die ein Kind erwartet und eine Babygeschenkeparty gibt. Wie immer hat Carrie einiges an Zeit und Mühe investiert, um ein sexy und schickes Outfit zusammenzustellen. Zu diesem Anlass trägt sie hochhackige d'Orsay-Sandalen mit Strass-Schnallen von Manolo Blahnik (bei diesem Schuhmodell sind nur Ferse und vorderer Fuß teilweise bedeckt, was den Stil sehr gewagt macht). Als Carrie bei der Party ankommt, die in Kyras Apartment stattfindet, wird sie (ebenso wie alle anderen Gäste) aufgefordert, die Schuhe in der Diele stehenzulassen, um keinen Dreck in die Wohnung zu tragen. Darüber ist sie zwar nicht erfreut – schließlich sind die Schuhe bei ihrem Outfit die Hauptsache und würden sicherlich Aufsehen erregen – doch sie gehorcht und zieht sie aus.

Als die Party einige Stunden später vorbei ist und Carrie sich zum Aufbruch fertig macht, kommt sie in die Diele – nur um festzustellen, dass ihre geliebten strassbesetzten Schuhe verschwunden sind! Jemand hat ihre Manolos gestohlen! Kyra zeigt keinerlei Mitgefühl. Sie leiht Carrie für den Heimweg schwarze, androgyne, eingetragene Segeltuchturnschuhe. An den darauffolgenden Tagen lässt Carrie der Verlust keine Ruhe und sie liegt Kyra mit der Frage in den Ohren, ob die Schuhe aufgetaucht seien. Sie tauchen nicht auf. Carrie hat Hunderte von anderen Schuhen, doch ohne dieses spezielle Paar fühlt sie sich unvollständig. Kyra bietet an, ihr die Schuhe zu ersetzen, ist jedoch völlig entsetzt und voreingenommen, als sie feststellt, dass Carries Schuhe 485 Dollar gekostet haben. Kyra erscheint dies eine unverantwortlich hohe Summe, um sie für Schuhe für sich selbst auszugeben. Kyra entscheidet daher, dass sie nicht dafür zuständig sein kann, eine solche Verschwendung zu ersetzen.

Carrie fragt sich, ob Kyra Recht hat. Vielleicht hat sie einen existenziellen Fehler gemacht, als sie sich für ein Leben allein und ohne Kinder entschied (in dem sie ihr Geld für niemanden außer sich selbst ausgeben muss), statt Kyras traditionellen Weg mit Mann und Kindern zu wählen. Schließlich verwirft Carrie jedoch diese Interpretation. Da sie schon immer eine treue Freundin gewesen ist, die andere beschenkt, wenn sie heiraten oder Babys bekommen, meint sie, dass sie ebenfalls Geschenke verdient. Carrie lässt ihre verschwundenen Schuhe bei der Manolo Blahnik Boutique auf eine Geschenkliste setzen – tatsächlich kündigt sie an, dass sie selbst heiraten wird – und spricht Kyra eine entsprechende Nachricht auf den Anrufbeantworter. Kyra kauft die Schuhe dann von der Hochzeitsliste. Als Carrie sie bekommt, ist sie außer sich vor Begeisterung. Sie hat ihre Schuhe wieder; sie hat ihr Leben wieder; sie hat ihre sexuelle Identität wieder. Ihre Lebensentscheidungen haben die gleiche Berechtigung wie Kyras, auch wenn sie nicht zu den konventionellen gehören.

Im Kontext der Serie wird von uns erwartet, dass wir uns mit Carrie identifizieren und sie als selbstbewusste Frau wahrnehmen, die ihr eigenes Drehbuch für ihr Leben schreibt. Kyra verhält sich so herablassend, dass man sich allzu gerne mit Carrie verbündet, die sich nicht schikanieren lässt. Wenn sie ihr Geld nun mal für Firlefanz ausgeben will, dann ist das ihr gutes Recht! »Ich konnte mich mit Carrie identifizieren«, erzählte mir eine Frau, die selbst teure High Heels trug. »Warum soll es denn verantwortungslos von ihr gewesen sein, Designerschuhe zu kaufen? Die von Tatum O'Neal gespielte Figur«, – die zweifellos wohlhabend ist – »hat wahrscheinlich 900 Dollar für ihren holländischen Kinderwagen ausgegeben, also warum durfte Carrie nicht 500 Dollar für Schuhe ausgeben?« Ich sollte hinzufügen, dass Carries Schuhe, wären sie robust und »gesund« und ebenso teuer gewesen, nicht als überzogener Luxus gegolten hätten, sondern als eine Notwendigkeit. Es ist die sexualisierte Unzweckmäßigkeit der Schuhe in Kombination mit ihrem Preis, die sie für Kyra so anstößig machen.

Betrachtet man die Sache jedoch aus einem anderen

Blickwinkel, ist Carrie eine verzweifelte, entmachtete Figur, was durch ihre Schuhsammlung nur noch hervorgehoben wird. Es stimmt zwar, dass Carrie positive Eigenschaften hat – sie ist gegenüber ihren Freundinnen außerordentlich loyal; sie ist verrückt, kreativ und aufmerksam – doch, wie Zuschauerinnen der Serie und der Spielfilme wissen, ist sie letztendlich äußerst ichbezogen und sucht persönliche Erfüllung im Materiellen. Es ist kein Zufall, dass ihr Kleiderschrank vom Boden bis zur Decke reicht und angefüllt ist mit luxuriösen, edlen Traumschuhen. Carries High Heels zeigen uns, dass es ihr nicht gelingt, mit beiden Beinen fest auf dem Boden zu stehen. Ihre Augen huschen in den Wolken umher; sie ist unfähig, die Wahrheit zu erkennen: dass die Liebe ihres Lebens möglicherweise endlich bereit ist, sie zu heiraten, jedoch kein verlässlicher Mensch ist. Es ist fraglich, ob er ihr treu sein kann.

WARUM STEHEN FRAUEN AUF SCHUHE?

Ich habe fünfzehn Frauen im Alter zwischen 25 und 74 danach gefragt, warum sie auf Schuhe stehen. Hier sind ihre Berichte:

Es ist leicht, Schuhe kaufen zu gehen:
»Man muss zum Anprobieren nicht in eine Umkleidekabine.«

»Man braucht nur eine Viertelstunde, um ein tolles Paar zu finden.«

»Wenn du eine Schwangerschaft hinter dir hast und dein Gewicht sich immer wieder verändert hat, dann weißt du oft nicht, welche Kleidergröße du kaufen sollst und was dir in einem Jahr passen wird. Doch bei Schuhen weißt du immer deine Größe.«

Man kann sie gleich anziehen:
»Kleidung muss man oft ändern lassen. Schuhe kann man dagegen gleich tragen und sich daran freuen.«

Hochhackige Schuhe sind verführerisch:
»Mit hohen Absätzen läuft man anders als in Turnschuhen. Wenn die Schuhe offen sind und die Zehen frei geben, fühlst du dich fast nackt.«

»Mit High Heels fühlt man sich gleich viel femininer. Ich habe mir in letzter Zeit angewöhnt, im Büro und auch sonst sexy Schuhe zu tragen. Ich war vorher überzeugt, dass man nur abends zum Ausgehen hohe Schuhe trägt, aber ich arbeite für einen Modeblog und kann es mir leisten, mich feminin zu kleiden – und das mache ich auch.«

»Meinen neuen Freund habe ich vor drei Wochen wegen eines Paars Schuhe kennengelernt. Ich hatte gerade mein Monatsgehalt bekommen. Ich betrat einen J. Crew-Laden und verliebte mich in ein Paar High Heels mit 12-Zentimeter-Absätzen. Sie sind braun und haben Fesselriemchen und einen Riemen, der über die Zehen läuft, den man aber nicht sieht, weil er bedeckt ist von einem großen Stück Goldstoff, das zu einer Blume gerafft ist. Sie sind wirklich hübsch und passen zu allem. Ich kaufe normalerweise mit Bedacht, aber in diese

Schuhe habe ich mich einfach verliebt. Sie haben 250 Dollar gekostet, so viel habe noch nie für einen einzelnen Artikel ausgegeben. Sie waren etwas Besonderes für mich. Ich habe sie gleich zu einer Party angezogen. Und als ich dort ankam, sagte mir ein Mann: ›Ich finde Ihre Schuhe toll.‹ Daraufhin sagten ein paar andere Leute, ein paar Typen und eine Frau: ›Was für fantastische Schuhe!‹ Und einer der Männer bat mich, meinen Fuß so zu halten, dass er den Schuh besser betrachten könne. Das war total peinlich, aber eine witzige Art, mit mir unbekannten Leuten ins Gespräch zu kommen. Ein anderer Typ stützte mich, damit ich nicht das Gleichgewicht verlor. Und der ist jetzt mein Freund.«

»Mein Mann und ich sind seit 22 Jahren zusammen. Es gab Zeiten, da waren wir beide zu beschäftigt und zu müde für Sex. Einmal war er so verzweifelt, dass ich im Scherz sagte. ›Na gut, für ein schickes Paar Schuhe oder Stiefel.‹ Das war mein Druckmittel. Er gab mir das Geld und ich zog am nächsten Tag los und kaufte mir die Schuhe. Ich mache keine Witze: Ich tauschte Sex gegen ein neues Paar Schuhe. Und das habe ich ein paar Mal so gemacht. Ich lasse ihn im Voraus bezahlen und er legt das Geld auf den Nachttisch. Ich bin inzwischen bei eintausend Dollar. Habe ich das gerade laut gesagt (lacht)? Ich lasse mir den Hintern versohlen, um mir Schuhe mit roten Sohlen kaufen zu können (lacht). Ehrlich gesagt, habe ich das Geld nicht nur für Schuhe ausgegeben, sondern auch für die Kinder (lacht). Ich habe mir bei Bloomingdale's 500-Dollar-Schuhe gekauft, die auf 300 Dollar heruntergesetzt waren. Stiefel habe ich mir auch gekauft. Und wenn ich sie trage, denke ich den ganzen Tag an Sex. Ich gehe ganz anders, weil ich daran denke, mit ihm zusammen zu sein. Ich weiß, dass dahinter eine Geschichte steckt und nur ich weiß, welche Geschichte dahinter steckt.«

Auch wenn eine Frau mit ihrem Körper unzufrieden ist, weiß sie zumindest, dass sie in bestimmten Schuhen immer gut aussehen kann:
»Schuhe machen meinen Hintern nicht fett.«

»Mit dem Alter wird man kleiner. Ich trage hohe Absätze, um den Größenverlust auszugleichen.«

Mit ihren Schuhen kann eine Frau sich von der Masse abheben:
»Man sollte nicht wie alle anderen aussehen. Die meisten denken sich, ›Gut, wenn ich schon viel Geld für Schuhe ausgebe, dann kaufe ich ein klassisches schwarzes Modell, das zu allem passt.‹ Aber ich denke genau andersherum. Wenn ich für ein Paar Schuhe viel Geld verprasse, dann kaufe ich eins in Lila. Damit würde ich ein Modestatement machen. Letztes Jahr habe ich ein organgefarbenes Kleid mit aufgesetzten Taschen in Knallpink gekauft. Eine Freundin war dabei und meinte: ›Nun musst du dir die dazu passenden Schuhe kaufen.‹ Und ich sagte: ›Keine Sorge, ich hab schon knallpinke Schuhe!‹«

»Ich habe elf Jahre in einem Unternehmen gearbeitet. Da schien sich niemand um Kleidung zu scheren oder jegliches Modebewusstsein zu besitzen. Doch ich finde, wenn man auf sein Outfit achtet und gepflegt aussieht, kommt man bei anderen gut an – besonders als Frau in einem Unternehmen. Deswegen ging ich immer gut gekleidet zur Arbeit. Damit erregte ich Aufsehen. Gut, dass bei mir auch professionelle Substanz dahinter steckte. Aber gute Klamotten und vor allem schicke Schuhe waren für mich ein Weg, um mich von den anderen abzuheben.«

»Ich trage sehr gerne farbenfrohe Schuhe. Damit zeige ich, dass ich Mumm habe. Dass ich Charakter habe.«

»Wenn ich mir ein interessantes Kleid kaufe, kann ich es nicht mehr als einmal in der gleichen Woche tragen. Doch wenn ich mir ein ausgefallenes Paar Schuhe kaufe, kann ich es jeden Tag tragen. Bei Schuhen geht jeder davon aus, dass man sie immer wieder trägt, also hat man da mehr von seinem Geld.«

Teure Schuhe sind ein Statussymbol:
»Sie sind wie ein BMW.«

Schuhe sind Lebenserinnerungen:
»Ich bewahre alle Schuhe auf, die für mich mit Erinnerungen verbunden sind. Ich habe die Schuhe von meinem 16. Geburtstag noch, die Schuhe, die ich zu meiner Hochzeit trug, jene, die ich auf meiner Russlandreise anhatte, und die, die ich trug, als ich die Familie meines Mannes kennenlernte. Ich sortiere meine Erinnerungen nach den Schuhen, die ich jeweils anhatte.«

»In meinen Zwanzigern habe ich einen Schaufensterbummel entlang der Madison Avenue gemacht. Eines Nachmittags, als ich wieder einmal das Schaufenster von Charles Jourdan betrachtete, entdeckte ich einen gesteppten Schuh mit einer Zehenkappe aus Lackleder und einem mittelhohen, klobigen Gummiabsatz. Er war der Inbegriff von elegant, leger, Kostüm, Kleid, zum Laufen, zum Tanzen, jung, megaschick. Ich dachte mir, eine Extravaganz könnte meiner finanziellen Situation nicht allzu sehr schaden, abgesehen davon gehörte der Schuh zur preiswerteren Linie des Labels – Bis. Ich schlüpfte in die Schuhe und hatte mich verliebt. Ich kaufte sie in Schwarz mit schwarzer Zehenkappe und trug sie die ganzen 40 Häuserblocks nach Hause.

Am nächsten Tag stand ich noch vor Ladenöffnung vor

dem Geschäft. Ich kaufte die Schuhe in jeder erhältlichen Farbkombination – in Beige mit schwarzer Kappe, in Marine mit dunkelblauer Kappe, in Rot mit roter Kappe. Ich wusste, dass ich ›es geschafft‹ hatte, als der Verkäufer sagte, man würde mir meine Einkäufe gratis nach Hause liefern. Ich trug sie jeden Tag. Ich trug sie zum Wandern, zu einer klassischen Hochzeit, zu einem Strand-Outfit, zur Arbeit. Auf jedem Foto, auf dem ich als 23- bis 27-Jährige zu sehen war, trug ich diese Schuhe. Ich fühlte mich darin so hip und gut angezogen. Doch immer wenn ich sie auszog, stank es fürchterlich. Der Geruch war so übel, dass er das ganze Zimmer erfüllte. Wie konnte es sein, dass etwas so Schönes, so schlecht roch? Ich brachte die Schuhe zu einem Schuster, der feststellte, dass der Gestank ausgelöst wurde durch einen billigen Klebstoff, der mit der Innensohle verbunden war und den Schweiß meiner Füße zu einer olfaktorischen Waffe mutieren ließ. Kurz darauf reiste ich nach Paris und trug auf meinen Touren zu den Sehenswürdigkeiten weiterhin meine Lieblingsschuhe. Doch wenn ich abends in mein winziges Hotelzimmer zurückkehrte, haute mich der Geruch beinahe um. Meine anderen gesteppten Kappenschuhe, die im Zimmer standen, verursachten diese fürchterliche Situation. Traurigerweise musste ich sie allesamt in einen Plastiksack packen, den ich luftdicht verknotete und in einen Müllcontainer auf der Avenue des Ternes warf.«

Aus dem echten Leben berichten Frauen, dass es weit weniger spektakulär ist, ein fantastisches Paar Schuhe zu besitzen als man es sich in der Fantasie ausmalt. Es kommt nicht oft vor, dass einer bei der Freundin die Schuhe gestohlen werden, wie in Carries Fall, doch häufig sind Frauen enttäuscht von ihrem Neuerwerb und es wäre ihnen fast lieb, jemand WÜRDE ihnen die Schuhe stehlen. Das liegt daran, dass d'Orsay-Sandalen von Manolo Blahnik wahnsinnig unbequem sind, wenn man sie länger trägt. Es ist schwer, wenn nicht sogar unmöglich, die Traumvorstellung aufrechtzuerhalten, wenn man Blasen an den Füßen hat und in die nächste Apotheke stürzen muss, um neue Pflaster zu kaufen, weil die, die man trägt, langsam nicht mehr kleben und über den Rand der Schuhe hinaus zu rutschen drohen, um wie ein Schandmal sichtbar zu werden. Nur wenige Frauen geben es zu, dass ihre Schuhe unbequem sind, denn das würde ja bedeuten, sie müssten sich eingestehen, dass die Traumvorstellung unerreichbar ist. Wenn sie sich die Wahrheit eingestehen, haben sie ihr Geld verschwendet und ihren Traum verpuffen lassen. Sie haben sich täuschen lassen. Und dennoch zieht es sie auf unerklärlich Weise wieder in die Läden, wo sie schöne, unpraktische Schuhe kaufen … immer und immer wieder.

Selbst Sarah Jessica Parker gab zu, dass es ihr im echten Leben schwer fällt, High Heels zu tragen. »Ich habe manchmal achtzehn bis zwanzig Stunden täglich in hochhackigen Schuhen gedreht«, erzählte sie 2007 der britischen Ausgabe der Zeitschrift ELLE. »Inzwischen verbringe ich sehr viel weniger Zeit in solchen Schuhen und denke dabei schon, ›Aua!‹. Ich habe mir echt den Körper damit ruiniert, mit hohen Absätzen zu rennen und zu tanzen. Meine Knie sind im Eimer.«[15]

Da verwundert es nicht, dass Frau Parker unterwegs in Manhattan in bequemem Schuhwerk gesichtet wurde. (Das Kopfsteinpflaster ist für die Füße die Hölle.) In der Mode-Blogosphäre erntete sie im März 2009 Spott und Häme nachdem sie mehrmals in bizarr anmutenden, vorne gespaltenen Designerstiefeln gesehen worden war. Statt einer Spitze hatte der Schuh zwei, so dass der große Zeh von den anderen getrennt war.[16] Versuchte Frau Parker möglicherweise einen Hallux valgus abzupuffern? Und wenn schon die Schauspielerin, die die Cinderella-artige Carrie gibt, keine hohen Absätze verträgt, wer denn dann? Ist diese Traumvorstellung denn für IRGENDWEN zu erreichen?

Die Antwort lautet: Nein, ist sie nicht. Wenn man schöne, jedoch unbequeme Schuhe trägt, tun einem die Füße WEH. Cinderella beziehungsweise Aschenputtel taten die Füße nicht weh, weil ihre Schuhe – obgleich aus Glas – ordentlich passten. Und wer weiß, vielleicht hatten diese Glasschühchen ein gutes Fußbett.

Janet, eine in New York lebende Mutter zweier Töchter, erzählte mir wie begeistert sie war, als sie ein Paar High Heels des Designers Jimmy Choo geschenkt bekam – ihr erstes Paar Luxusschuhe. Sie hatte sich mit einer der Frauen aus dem Kindergarten ihrer Kinder angefreundet und sie und Julie witzelten über Schuhe von Manolo Blahnik und Jimmy Choo. Janet war dabei nicht bewusst, dass ihre neue Freundin nicht bloß Witze machte. Sie war sehr wohlhabend und besaß tatsächlich viele Schuhe dieser Designer. Am Tag vor Janets Geburtstag ließ Julie ihre persönliche Einkäuferin aus einer trendigen Boutique namens SCOOP ein Paar Jimmy-Choos in Janets Wohnung liefern.

»Ich öffnete den Karton«, erzählt mir Janet. »Und holte diese unglaublichen Schuhe heraus. Diese Frau hatte mir goldene High Heels von Jimmy Choo gekauft! Ich fand, ich könne ein so extravagantes Geschenk nicht annehmen. Ich wollte ihr die Schuhe zurückgeben, doch sie sagte nur: ›Genieße sie; denk einfach an mich, wenn du dich daran erfreust.‹«

»Doch dann passierte Folgendes«, sagt Janet mit ernsterer Miene. »Sie hatte mir das Paar in der falschen Größe gekauft. Die Schuhe waren Größe 40, doch ich habe 41. Also ging ich in den Laden und erklärte, dass ich sie in einer größeren Größe bräuchte. Doch sie hatten das Modell in gar keiner Größe mehr da. Dann entdeckte ich ein Modell, dass mir noch viel besser gefiel – das gab es allerdings nur in Größe 39. Also tauschte ich mein Paar gegen dieses ein. Ich muss meine Füße hineinzwängen. Ich liebe diese Schuhe. Sie sind unglaublich sexy. Sie bestehen nur aus Riemchen. Ich kann darin kaum laufen, aber ich hab sie einmal zu einer Veranstaltung getragen, zu der ich mit dem Taxi fuhr, und einmal zu einer Hochzeit. Meine Füße schmerzen höllisch, wenn ich sie trage. Tatsächlich wären sie aber auch dann nicht bequem, wenn sie mir passen würden. Sie haben sehr hohe Absätze und eines der Riemchen läuft genau über die Hallux-valgus-Gegend, und die anderen schneiden mir ins Fleisch.«

Carol, eine Vorstadtbewohnerin, erzählt mir von einer Konferenz in Atlanta, an der sie teilnahm. Sie wusste schon vorher, dass viele elegant gekleidete Teilnehmerinnen dabei sein würden und wollte so gut wie möglich aussehen. Während des Fluges dorthin ereignete sich ein Tornado. »Alle waren nervlich am Ende«, erinnert sich Carol. »Das Flugzeug kreiste über dem Flughafen. Die Frau auf dem Sitz neben mir hatte vor Anspannung weiße Fingerknöchel. Dann, mitten in diesem Tornado, fiel mir plötzlich ein, dass ich vergessen hatte, die Abendschuhe für das Dinner einzupacken, zu dem ich abends gehen sollte. Ich hatte bloß die Turnschuhe mit, die ich im Flugzeug trug. Ich wusste nicht, was schlimmer war, der Wirbelsturm – oder keine Schuhe dabei zu haben?

Als wir schließlich landeten, fand ich einen Schuhladen im Flughafen. Es war ein Geschäft von Bally und die Schuhe dort waren wesentlich teurer als irgendwelche Schuhe, die ich jemals gekauft hatte. Doch ich musste mir welche kaufen, da ich nicht in Turnschuhen zum Dinner gehen konnte. Also kaufte ich mir ein schönes, schlichtes Paar Pumps. Der Verkäufer sagte: ›Machen Sie sich keine Sorgen, je öfter Sie sie tragen, desto weniger kosten sie, jedes Mal, dass Sie sie anhaben.‹ Ich antwortete: ›Echt? Na denn werde ich sie auch im Bett tragen!‹ Doch letztendlich trug ich sie nur dieses eine Mal, an jenem Abend. Sie taten zu weh. Als ich wieder zu Hause war, ließ ich sie weiten, doch meine Füße wurden darin immer noch zerquetscht.«

»SIND SIE DENN AUCH BEQUEM?«

Wenn eine Frau eine andere danach fragt, ob ihre Schuhe bequem sind, geht es nicht um freundliches, eitles Geschwätz. Weit gefehlt. Das ist eine kodierte, bedeutungsschwangere Botschaft: »Ich erkenne, dass dir deine Eitelkeit wichtiger ist als Bequemlichkeit und Tragbarkeit. Ich bin dir auf der Spur. Mich kannst du nicht täuschen!« Und wenn die erste Frau dann antwortet: »Ja, sie sind bequem, ehrlich!«, ist das gelogen? Will sie damit sagen, dass sie nicht so eitel ist wie es scheinen mag? Ich fragte mehrere Frauen, ob sie jemals lügen. Ihre Antworten zeigen, dass sie einerseits ernsthaft wahrheitsgetreu antworten WOLLEN, *jedoch gleichzeitig das Trugbild der Bequemlichkeit aufrechterhalten wollen, um ihre halsbrecherischen Schuhe zu rechtfertigen. Im Folgenden die Erklärungen, die sie jeweils parat haben:*

»Ich habe früher jeden Tag zehn Zentimeter hohe Absatzschuhe zur Arbeit getragen. Das habe ich fünfzehn Jahre lang so gemacht, doch letztes Jahr habe ich ein Kind bekommen, also trage ich jetzt meistens flache Schuhe. Die Leute fragten mich: ›Sind die denn bequem?‹, und ich antwortete: ›Sie sind nicht UN*bequem‹. Und das war die Wahrheit.«*

»Jedes Mal, wenn ich meine tollen schwarzen High Heels anziehe fühle ich mich super, weil ich mich gerne darin sehe und die Aufmerksamkeit genieße, die ich dafür bekomme. Ich bekomme viel Beachtung und die kommt üblicherweise nicht von Männern. Ich werde vor allem von anderen Frauen beachtet. Ich lüge nicht. Ich sage, dass sie nicht unbequem sind. Ich sage, dass sie es wert sind. Ich treffe bewusst eine Kosten-Nutzen-Entscheidung. Meine Schuhe sind zwar nicht bequem, aber sie schmerzen auch nicht. Ich kann darin nicht besonders weit laufen, aber das gebe ich offen zu. Die Unannehmlichkeit ist der Preis, den ich gerne dafür zahle, dass ich mich fantastisch fühle.«

»Ich hasse es, wenn Frauen behaupten, ihre Schuhe seien bequem, auch wenn sie es offensichtlich nicht sind.«

»Mein Problem ist, dass ich vorher meistens nicht weiß, dass die Schuhe unbequem sind, da sie im Geschäft noch gut zu passen scheinen. Wenn ich dann schließlich feststelle, dass sie wehtun, ist es zu spät. Was soll ich da dann machen? Es ist ja nicht so, dass ich Schuhe tragen will, die wehtun. Aber ich will keine ewigen Erklärungen abgeben.«

»Wenn jemand mich fragt, ob meine hochhackigen Schuhe bequem sind, sage ich die Wahrheit. ›Nein, aber sie sind hübsch.‹ Oder: ›Sehen Sie nicht die Pflaster an meinen Fersen?‹«

Janet weiß, dass sie ihre High Heels nur zu seltenen Gelegenheiten tragen kann, und Carol lernte auf schmerzhafte Weise, dass sie ihre neuen Pumps lieber nicht noch mal anzieht. Doch manche Frauen sind fest entschlossen, ihre schicken Schuhe zu tragen, koste es, was es wolle. Olivia, eine 44-jährige New-Yorkerin, arbeitet in der Modeindustrie. In ihren Schuhen stehen Namen wie Chanel, Manolo und Prada. »Ich trage nicht jeden Tag hohe Absätze«, sagt sie, weil sie damit nicht schnell genug unterwegs sein kann. Außerdem hat Olivia öfters Schmerzen an einer Ferse aufgrund eines Fersensporns (keine ungewöhnliche Erscheinung, bei der sich an der Ferse ein dornartiger Knochenauswuchs bildet, verursacht durch Alterserscheinungen und/oder schlecht sitzendes Schuhwerk – mehr dazu im folgenden Kapitel). »Ich muss Vorlaufzeit einkalkulieren, wenn ich hohe Absätze trage. Wenn ich welche trage, brauche ich länger zur Arbeit. Sie halten einen auf und man kann nicht einfach losmarschieren. Als vor ein paar Jahren die öffentlichen Verkehrsmittelbetriebe streikten, ging ich zu Fuß in Turnschuhen zur Arbeit und zog mich dort um, aber das liegt mir nicht, also habe ich nach dem Streik wieder mit dem Turnschuhtragen aufgehört.«

Olivia erzählt mir eine aufschlussreiche Geschichte, um zu illustrieren, dass sie an einen Punkt gekommen war, an dem es kein Zurück mehr gab – zumindest galt das an einem bestimmten Tag. Als praktizierende Jüdin lief sie an einem Sabbatmorgen vor nicht allzu langer Zeit von ihrem Apartment zur in der Nähe gelegenen Synagoge. Sie trug »ein Paar hinreißende Absatzschuhe von Prada, um die sechs Zentimeter hoch.« Nach dem Gottesdienst wollte sie eigentlich gleich nach Hause gehen, doch es war ein wunderschöner Tag, so dass sie beschloss, im Central Park spazieren zu gehen.

»Schon bald taten mir jedoch die Füße weh und es wurde so schlimm, dass ich mich nicht mehr zusammenreißen konnte. Also zog ich die Schuhe aus und spazierte barfuß durch den Park.« Olivia trägt am Sabbat nie Geld bei sich, daher konnte sie sich in diesem Notfall auch nicht mit dem Taxi nach Hause fahren lassen. »Dann musste ich den Park verlassen und auf der Straße weitergehen. Natürlich ist es etwas anderes, ob man im Park oder auf der Straße barfuß läuft. Also wollte ich die Schuhe wieder anziehen. Doch dann wurde mir klar, dass ich mir nichts vormachen brauchte. Die Schuhe taten meinen Füßen höllisch weh und ich konnte sie einfach nicht wieder anziehen. Außerdem hatte ich inzwischen total dreckige Füße, mit denen ich nicht in die Schuhe steigen wollte, selbst wenn sie nicht wehgetan hätten. Andererseits konnte ich mir beim besten Willen nicht vorstellen, barfuß durch die Gegend zu laufen. Daher wischte ich mir die Fußsohlen mit meinem Pullover sauber und schlüpfte wieder in die Schuhe. Es war sehr schmerzhaft.«

»Beim nächsten Mal«, frage ich, »werden Sie also bequeme Schuhe dabeihaben, falls so etwas noch mal passiert, oder?«

»Nein!«, erwidert Olivia und gibt mir dabei das Gefühl, ich habe nicht ordentlich zugehört. »Die Schuhe waren ja nicht mal besonders hoch! Sie waren vorne offen und es lag einfach zu viel Gewicht auf meinen Fußballen. Ich trage ja keine Absätze von zehn bis zwölf Zentimetern. Ich kaufe nur Schuhe, die im Laden bequem sind, auf jeden Fall unter acht Zentimetern Absatzhöhe. Ich werde so lange es geht Absätze tragen. Ich möchte nicht in bequemen Schuhen herumlaufen. Das mache ich nur wenn ich Sport treibe. Das ist eine super Ausrede.«

Ich möchte nicht in bequemen Schuhen herumlaufen. Olivia sagt das, als wäre das Tragen bequemer Schuhe – also gut verarbeiteter Schuhe, die ihr richtig passen – eine Demütigung sonder Gleichen. In ihrer Vorstellung sind bequeme Schuhe gleichzusetzen mit »hässlichen« Schuhen (was ganz und gar nicht zutrifft, aber damit beschäftigen wir uns später), und es kommt einfach nicht in Frage, hässliche Schuhe zu tragen. Sie glaubt, dass sie trotz Schmerzen eine bestimmte Art von Schuhen tragen muss. Sie glaubt, dass ihr eigentlich nichts anderes übrig bleibt.

Die Frage ist: HAT sie denn eine Wahl? Oder wird Olivia auf irgendeine Weise unter Druck gesetzt – sogar gezwungen – quälend unbequeme Schuhe zu tragen?

Wenn die heutigen Feministinnen von »Wahlfreiheit« sprechen, antworten sie auf den radikalen Feminismus der 1960er und 70er Jahre. Vor der Frauenbewegung erwartete man von Frauen, dass sie bei der Arbeit oder in der Öffentlichkeit Röcke tragen, Mieder und Hüfthalter mit Strümpfen an Strapsen, Schminke und nicht zuletzt hohe Absätze. Wir sind den ›frauenbewegten Frauen‹ eine ordentliche Portion Dank dafür schuldig, dass sie darauf bestanden, dass diese Schönheitsstandards Teil eines größeren Diskriminierungssystems sind, in dem Frauen ein geringerer Wert beigemessen wird als Männern.

Frauenrechtlerinnen protestierten 1968 gegen den Schönheitswettbewerb »Miss America«. In dem Flyer, den die NEW YORK RADICAL WOMEN in Atlantic City verteilten, hieß es: »Frauen in unserer Gesellschaft werden täglich dazu gezwungen, um männliche Anerkennung zu konkurrieren, unterjocht von grotesken ›Schönheits‹idealen, die wir selbst gelernt haben, ernst zu nehmen.« Während des Schönheitswettbewerbs stand eine riesige »Befreiungsmülltonne« bereit (in Anlehnung an die Befreiungsdemonstrationen – »freedom rides« – der Bürgerrechtsbewegung), in die Protestlerinnen Verschönerungsutensilien werfen konnten – Wimpernzangen, Mieder, Lockenstäbe und Dauerwellensets für zu Hause.[17]

Millionen von Frauen entwickelten ein neues Bewusstsein: Moment mal, sagten sich befreite Frauen selbst und einander – so ein Mieder unterdrückt mich! Und diese falschen Wimpern auch! Und ebenso dieser Lippenstift und die hohen Absätze. Also ab damit in den Müll!

Natürlich waren auch viele Frauen nicht davon zu überzeugen, dass sie unterdrückt waren, während andere eine ambivalente Haltung dazu hatten: Sie trugen zwar gerne Minirock und Wimperntusche, um feminin auszusehen, aber vielleicht nicht jeden Tag. Sie wollten nicht dazu gezwungen sein, sich aufzurüschen, doch wenn sie es freiwillig taten, genossen sie es.

In den 1980er Jahren wurde uns die Entscheidungsfreiheit der KonsumentInnen als eine Art Mitbestimmungsrecht der BürgerInnen verkauft. Es entwickelte sich eine neue Form des liberalen Feminismus, der dafür eintrat, dass Frauen sich in ihrer Rolle als Konsumentinnen dafür oder dagegen »entscheiden« sollten, ob sie bei Schönheitspraktiken mitmachten. In den 1990ern sagten die Herausgeberinnen der Zeitschrift BUST ihren jungen feministischen Leserinnen, Frauen hätten die Macht zu entscheiden, ob sie zum Sexualobjekt gemacht werden oder nicht. Marcelle Karp, eine der Chefredakteurinnen, gab ihren Senf dazu:

»[Wenn eine] Frau sich entscheidet, ihren Körper zu

formen, macht sie das nicht zu einem Opfer. Wenn sie größere Brüste haben will, hat sie sowohl als Feministin als auch als Individuum das Recht, sich dafür zu entscheiden ... Wir BUST-Mädels sind nicht immun gegen Minderwertigkeitsgefühle bezüglich unseres Körpers, aber wir sind schlau genug, um zu wissen, dass wir uns davon nicht zum Opfer machen lassen müssen.«[18]

Debbie Stoller, die zweite BUST-Chefredakteurin, stimmte ihr zu: »Anders als unsere feministischen Vormütter, die Schminke zum Opium fürs ›Frollein‹ erklärten, stehen wir hundertprozentig für die Freiheit der Wahl, wenn es um die Darstellung von Weiblichkeit geht. Danke, aber wir sind uns sehr wohl des Schönheitsmythos' bewusst, der bewirkt, dass Frauen eher als obszön abgestempelt werden, als dass sie Gehör finden, aber wir finden nicht, dass nur Transvestiten der Spaß vergönnt sein sollte ... Wir lieben unseren Lippenstift, entbrennen für Nagellack und sind einfach verrückt nach dieser Rüstung, die wir ›Mode‹ nennen. Für uns ist sie weiblich, und in der Art und Weise, wie wir sie tragen, ist sie DEFINITIV feministisch.«[19]

Das neue feministische Credo der 1990er hieß, dass Frauen ihre persönliche Macht ausüben können und sich daher »entscheiden«, ihre BH-Träger zu entblößen oder sich die Augen liften zu lassen, wenn sie das wollen. Diese »Girl-Kultur« sollte eine Form weiblicher Stärke und Macht darstellen. Jungen Frauen wurde gesagt, dass es okay ist, wenn sie ihre Weiblichkeit zur Schau stellen, solange sie dabei hip und ironisch rüberkommen und sich gut genug auskennen, um sich auf RuPaul* und nicht auf Liselotte Pulver zu beziehen.

Die Wahrheit liegt wohl irgendwo zwischen der Schönheitsmülltonne und den Botox-Partys. Wenn es um die

* US-amerikanischer Sänger und Schauspieler, der als Dragqueen in den 90er Jahren berühmt wurde.

Entscheidung für oder gegen Augenmakeup geht, haben die meisten von uns heute sehr viel mehr Spielraum, als es Frauen vor den Protesten der Frauenbewegung hatten, aber machen wir uns nichts vor: Frauen in Amerika und anderswo auf der Welt stehen weiterhin enorm unter Druck, weiblich auszusehen. Wenn wir es wagen – mit oder ohne Ironisierung –, von dieser kulturellen Norm abzuweichen, dann zahlen wir dafür einen Preis. Ein ungeschminktes Gesicht, ein körperumhüllendes Outfit und die gefürchteten »vernünftigen« Schuhe kennzeichnen eine Frau, die sich weigert, das Spiel mitzuspielen. In einigen Vierteln und Gemeinden ist es an der Tagesordnung, dass Frauen ohne mit der Wimper zu zucken auf kokette weibliche Kleider verzichten. Andernorts kann eine Frau, die sich nicht dem gesellschaftlichen Druck beugt, sich auf stereotypische weibliche Art zu kleiden, jedoch damit rechnen, verspottet zu werden. Beispielsweise berichten viele Latina-Frauen, dass sie sich unter Druck gesetzt fühlen, hochhackige Schuhe (TACONES) zu tragen, um ihre Herkunft zu würdigen.[20] Das trifft auf Frauen aller ethnischen Hintergründe zu, die fürchten, als zu »männlich« zu gelten – ganz unabhängig davon, zu wem sie sich hingezogen fühlen. Sie haben möglicherweise auch das Gefühl, hohe Absätze und Kleider tragen zu müssen, um ihr Äußeres zu verbergen, von dem sie glauben, es sei nicht weiblich genug.

Treffen Frauen denn TATSÄCHLICH eine freie »Entscheidung«, wenn sie Schuhe tragen, die so unbequem sind, dass sie sie ausziehen und barfuß laufen müssen? Wenn eine Frau vor ihrem Schrank steht und überlegt, ob sie ihre Slipper oder die Pumps mit den Absätzen tragen soll, geht sie im Kopf den Bilderspeicher durch und sieht sich an, wie unterschiedlich ihr Körper darin wirken wird und auch wie unterschiedlich sie darin auf der Weiblichkeitsskala aussehen wird. Will sie nach dieser Skala bewertet werden oder will sie sie verlassen? Die meisten lassen sich lieber bewerten und bestätigen, als dass sie ignoriert oder verspottet werden. Deswegen tragen Frauen wie Olivia Schuhe, die im Laden noch bequem schienen und auf der Straße höllisch schmerzen. Niemand zwingt die Frauen dazu – doch die meisten von ihnen, die sich veranlasst sehen, unpraktisches Schuhwerk zu tragen, fühlen sich dem Druck ausgesetzt, ihre Weiblichkeit unter Beweis oder zur Schau zu stellen.

Paradoxerweise glauben viele Frauen, dass Stöckelschuhe ein Symbol für Stärke sein können. Schließlich wissen alle, dass sie wehtun, also ist die Trägerin schon mal kein Schwächling, außerdem führen sie zu einer stärkeren Ausprägung der Wadenmuskulatur und betonen dadurch die Muskelkraft der Trägerin. Für die Komikerin Sandra Bernhard geht es bei High Heels darum, die eigene Widerstandsfähigkeit zu beweisen. »Wenn ich in einem guten Paar High Heels vor die Tür trete«, erzählte sie der Zeitung New Yorker, »fühle ich mich nie verletzlich. Für Schwäche ist einfach keine Zeit, ich fühle mich konzentriert stark sicher, ich habe einen starken Gang und niemand legt sich mit mir an, wenn ich an der Ecke stehe und ein Taxi heranwinke ... Weil ich Respekt einfordere und meine hohen Absätze mir Rückendeckung geben.«[21]

Ich vermute mal, dass Sandra Bernhard in jeglichem Schuhwerk, das sie trägt, einen starken Gang hat. Sie glaubt, dass ihre hohen Absätze die transformative Fähigkeit besitzen, Respekt zu erwirken, doch ich bezweifle, dass dies der Fall ist. Sie geben ihr das Gefühl, »konzentriert stark sicher« zu sein, was zweifellos ihre Haltung, ihr

Auftreten und ihre Willensstärke beeinflusst. Wenn wir die Schuhe tragen, die wir lieben, ist das letztendlich eine Übung darin, UNS SELBST und nicht unsere Umgebung umzugestalten.

Seien wir doch ehrlich: großartige Schuhe geben uns keine Macht. Tatsächlich kann sogar das Gegenteil eintreten. Stephanie, eine 25-jährige Frau aus Connecticut, erinnert sich an ein Ereignis vor fünf Jahren, als sie abends mit ein paar Freunden in einen Jazzclub ging. Zu der Zeit war sie mit John, einem Musiker zusammen, der auch mitkam. Stephanie lieh sich von einer Freundin ein Paar »verrückte Plateaustiefel« aus. »Die Absätze waren 15 Zentimeter hoch, vielleicht noch höher. Die Stiefel waren aus Kunstleder, wurden mit einem Reißverschluss zugemacht, der bis übers Knie reichte, und hatten riesige Plateauabsätze. Die waren wirklich der Hammer. Ich musste mich beim Gehen an meiner Freundin festhalten. Es war einfach lustig. Ich weiß noch, dass John mich anlächelte, als er mich in den Stiefeln sah. Ich weiß noch genau, wie sein Gesicht aussah, als er lächelte.«

Als Stephanie und ihre Clique später an diesem Abend in der Wohnung eines Freundes saßen, sagte einer der Typen zu ihr: »Das sind echt verrückte Schuhe. John fand sie absolut LÄCHERLICH.« Da wurde Stephanie klar, dass John sich hinter ihrem Rücken über sie lustig gemacht hatte. Sie hatte angenommen, dass er ihr mit seinem Lächeln Anerkennung oder Bestätigung zeigen wollte – dass sie auf eine unkonventionelle, attraktive Art unglaublich aussah. Aber nein. Er fand, dass sie völlig albern aussah. »Nachdem mir der Typ das erzählt hatte, schämte ich mich. John muss gedacht haben, dass ich alles dafür tat, dass mich andere beachteten.«

»Ich weiß noch, wie ich, als ich 22 war, die teuersten, schönsten, karamellfarbenen, spitzen Lederstiefel mit knapp acht Zentimeter hohen Absätzen kaufte«, erinnert sich Mary Marcdante, die im kalifornischen Del Mar lebt, zu Frauengesundheit referiert und die Online-Selbsthilfe für Hallux-valgus-Leidende BUNIONSURVIVOR.COM gründete. Es war vor 30 Jahren und Mary war unterwegs nach New York. »Hätte es SEX AND THE CITY damals schon gegeben, hätte mich Carrie Bradshaw auf der Straße angesprochen und mich gefragt, wer ich bin. Ich fühlte mich schön, stark, klug und sexy – etwa fünfzehn Minuten eingebildeten Ruhmes lang. Ich lief (heulend) drei Stunden damit herum. Bis heute zucke ich schmerzverzerrt zusammen, wenn ich an die rohen, blutigen Blasen denke, die ich mir beim Tragen dieser Schuhe einhandelte. Aber ich liebte sie. Ich liebte sie so sehr, dass ich sie, obwohl ich sie nie wieder tragen wollte – denn, wie heißt es in Beziehungen, wenn die Sache mehr Schmerz als Freude bringt, sollte man sich trennen – zum Modeobjekt umwandelte und als Türstopper im Schlafzimmer behielt.«

Wir stellen uns gerne vor, dass uns andere als stark, sexy und überlegen wahrnehmen, wenn wir schicke Schuhe tragen. Doch wenn eine Frau der Mode hörig ist, ist es sehr wahrscheinlich, dass andere sie als selbst inszeniertes Opfer betrachten. Ist das den Preis einer Packung Pflaster und Hühneraugenpolster wirklich wert?

»SIND DIE NEU?«

Eine Schuhliebhaberin gesteht: »Wenn ich mir neue Schuhe kaufte, bin ich immer als Erstes nach draußen gegangen und habe die Sohlen aufgescharrt, damit mein Mann nicht merkte, dass ich neue Schuhe hatte. Wenn er mich fragte, ob sie neu wären, habe ich ihm einfach die Sohle gezeigt und gesagt: ›Die sind total alt!‹«

Diesen Trick kennen scheinbar viele Frauen. Eine andere berichtet: »Ich habe meine neuen Schuhe immer vor meinem Mann versteckt. Und wenn ich sie dann anhatte, sagte ich immer: ›Ach, dir fallen sie nur erst jetzt auf.‹ Er denkt nämlich, es sei krankhaft [ständig neue Schuhe zu kaufen], und damit hat er wohl nicht ganz Unrecht.«

3. KAPITEL:
Was Sie von der Ferse bis zum Zeh wissen sollten

Schauen Sie sich Ihre Füße eigentlich jemals richtig an? Haben Sie ein Bild davon, wie sie von jeder Seite betrachtet aussehen, nicht nur von oben? Wenn nicht, dann legen Sie dieses Buch zur Seite, ziehen Sie einen Schuh aus und sehen Sie nach. Beachten Sie, dass die Unterseite Ihres Fußes nicht flach ist: sie wölbt sich an der Innenseite des Fußes nach innen und bildet eine Art Brücke. Nun schauen Sie sich Ihren Schuh von innen an. Wenn Sie heute nicht zufällig Laufschuhe oder »Gesundheitsschuhe« tragen, ist die Innensohle wahrscheinlich nicht so geformt, dass der Hohlraum unter Ihrem Fuß ausgefüllt ist. Ihr Schuh passt sich also nicht der Form Ihres Fußes an. (Und das gilt auch, wenn der Schuh einen Absatz hat. Nähme man die Innensohle heraus, wäre sie vollkommen flach). Das bedeutet, dass Ihrem Schuh ein so genanntes anatomisch geformtes »Fußbett« fehlt. Eine stützende Einlagesohle ist so geformt, dass der Hohlraum unter dem Spann des Fußes ausgefüllt ist, sie passt sich somit dem Fuß an.

Es ist doch seltsam, oder? Ihre Jeans passen sich der Form Ihrer Taille, Hüften und Beine an; Ihre Blusen passen an den Schultern, am Busen und in der Taille. Wenn Ihre Kleider Ihrer Körperform nicht entsprechen würden, brächten Sie sie zur Änderungsschneiderei oder würden sie zum Putzen anziehen. Sollten Ihre Schuhe dann auch nicht der Form Ihres Fußes angepasst sein?

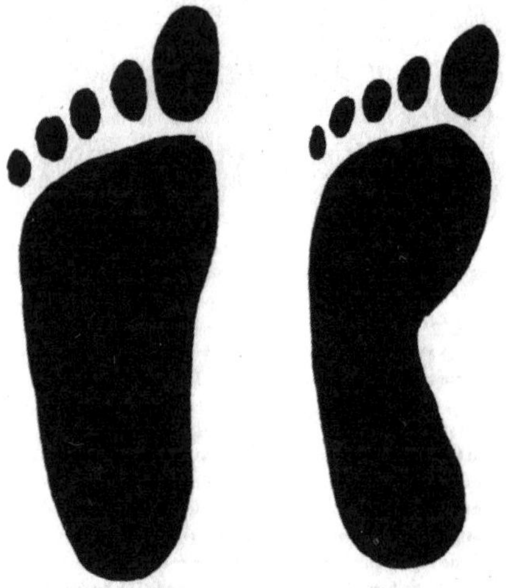

Senkfuß/Plattfuß Normalfuß

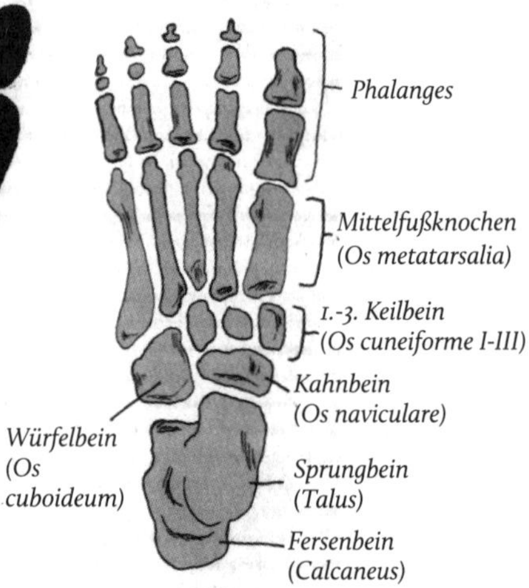

Hohlfuß

Gingen wir alle barfuß, bräuchten wir keine anatomischen Innensohlen, weil unsere Füße normal funktionieren würden. Im Grunde BRAUCHEN Füße nicht unbedingt Schuhe. Doch da wir mit Schuhen aufwachsen, die unsere Füße vor scharfkantigen, harten und unhygienischen Gegenständen schützen, sind unsere Füße verkümmert: unsere Muskeln werden schlaff, die Stellung unserer Zehen verändert sich, unsere Gelenke sind nicht mehr so beweglich. Paradoxerweise führen Schuhe, die wir eigentlich tragen, um unsere Füße zu schützen, dazu, dass diese nicht mehr ordentlich funktionieren. »Stellen Sie sich vor, Ihnen würde mit drei Jahren der Arm eingegipst und Sie machten den Gips niemals ab«, erklärt der Journalist Adam Sternbergh. »Dann würde Ihr Arm nicht mehr funktionieren. Ungefähr dasselbe ist mit unseren Füßen passiert ... Schuhe erhalten den Fortbestand von Schuhen. Das ist ein klassischer Fortsetzungskreislauf.«[22]

Manche Leute haben Glück: sie haben widerstandsfähige, gesunde Füße und können es sich leisten, auf anatomische Einlagen zu verzichten. Doch die meisten von uns – bis zu 70 Prozent – drehen die Füße beim Gehen zu stark nach innen, was Überpronation genannt wird. Wer den Fuß also zu stark proniert, bekommt irgendwann gesundheitliche Probleme. Wenn eine Person, die die Füße beim Gehen eindreht, Schuhe ohne stützendes Fußbett trägt, haben ihre Füße zu viel Spiel, und somit wird der vordere Fuß extrem belastet. Im Laufe der Zeit führt diese Belastung zu Erkrankungen des Fußes.

Frauen neigen stärker zu Überpronation als Männer, sagt Dr. Carol Frey. Sie ist eine der führenden Wissenschaftlerinnen, die den möglichen kausalen Zusammenhang zwischen dem Tragen schlecht sitzender Schuhe und der Entwicklung von Fußleiden bei Frauen untersucht. Frauen haben außerdem kürzere Achillessehnen. Da sich unsere Füße und Fußknöchel in ihrer Struktur und Biomechanik (die Art, wie sie sich bewegen) von denen der Männer unterscheiden, müssen wir besonders darauf achten, Schuhe zu tragen, die ein stützendes Fußbett haben und richtig passen.[23]

Mit jedem Schritt trifft unser Körper mit seinem anderthalbfachen Eigengewicht auf dem Boden auf. Im Laufe eines normalen Tages machen wir zwischen 5 000 und 10 000 Schritte, so dass ein enormes Gewicht auf unseren Füßen lastet. Eine Durchschnittsperson federt täglich über 450 Tonnen mit den Füßen ab.

Um dieser Belastung gewachsen zu sein, sind unsere Füße brillant konstruiert. Ein Viertel aller Knochen im menschlichen Körper sitzt in den Füßen, wobei jeder Fuß insgesamt 28 Knochen aufweist. Die Haut an unseren Fußsohlen ist doppelt so dick wie am restlichen Körper und ist mit einer speziellen plantaren Fettschicht gepolstert (PLANTAR bedeutet: »zur Fußsohle gehörig«). Über hundert Gelenke, Sehnen, Muskeln und Bänder halten den Fuß zusammen.

Bei jedem Schritt sind bestimmte Teile des Fußes beweglich, während andere unbeweglich bleiben. All diese Teile arbeiten zusammen, so dass der Fuß sich ein- und wieder auswölben kann. Die Plantar Fascia, die längste und stärkste Sehne im Körper, die auf der Unterseite des Fußes verläuft, dehnt sich und zieht sich zusammen wie ein Gummiband. Währenddessen verlagert sich unser Körpergewicht von den Fersen auf die Zehen. Wenn sich alles so bewegt, wie es sollte, können wir ohne einen weiteren Gedanken daran zu verschwenden, laufen, rennen und springen. Sehen Sie sich nun Ihren Fuß noch einmal genau an. Drehen Sie ihn hin und her. Lassen Sie das Fußgelenk kreisen. Krümmen Sie die Zehen. Ist das alles nicht bemerkenswert? Auf dieses Wunderwerk sollten Sie auf jeden Fall Acht geben.

Bei einem normalen Gang trifft der Fuß zuerst mit der Ferse auf den Boden auf und rollt dann nach vorne und nach innen Richtung Längsgewölbe ab. Ist der Fuß platt, allzu biegsam und rollt er zu sehr nach innen ab, nennt man das »überpronieren«. Dr. Glenn Copeland zufolge wird die überwiegende Mehrheit biomechanischer Fußleiden – 98 Prozent – durch Überpronation verursacht.[24] Wenn Ihnen die Füße, Knie oder der Rücken wehtun, steckt meist der Gang dahinter. Durch Überpronation oder Übersupination (wenn der Fuß zu sehr nach außen abrollt) sind Ihre Füße beim Gehen nicht richtig ausgerichtet, um Ihr Gewicht auszubalancieren.

Wenn das bei Ihnen der Fall ist, wird Ihnen Ihr Arzt oder Ihre Ärztin möglicherweise Einlagen verschreiben, die es vom Orthopädiegeschäft oder teilweise rezeptfrei gibt. Solche Einlagen helfen der Trägerin, die Belastung richtig zu verteilen und so für ein besseres Gleichgewicht zu sorgen. Sie verändern den Winkel, in dem der Fuß beim Gehen oder Laufen auf den Boden auftrifft. Sie lindern die Beschwerden und Symptome vieler Fußleiden und können das Auftreten mancher Probleme sogar verhindern. Bei einem biomechanischen Ungleichgewicht sollten betroffene Personen so oft wie möglich orthopädische Einlagen tragen.

Wenn Ihre Füße schmerzen, sollten Sie zunächst wissen, dass *das nicht normal ist*. Gehen Sie nie davon aus, dass Fußschmerzen etwas sind, mit dem man lernen muss zu leben. Das stimmt nicht.

Wenn Sie keinerlei Fußbeschwerden haben, ist das schon mal ein Riesenvorteil. Aber beglückwünschen Sie sich noch nicht: Sie sollten dafür sorgen, dass Sie keine Probleme bekommen. Im Folgenden werden die häufigsten Probleme beschrieben, unter denen Frauen leiden, die regelmäßig modisches Schuhwerk tragen.

HALLUX VALGUS

Hierbei handelt es sich um eine Fehlstellung des großen Zehs. Dabei weicht das Grundgelenk des großen Zehs (Hallux) nach außen aus (valgus). Dies ist die häufigste Fußerkrankung bei Frauen. Der große Zeh wird unten breiter und neigt sich zum zweiten Zeh statt nach vorne zu zeigen. Die Ursache ist zu viel Druck auf dem Grundgelenk des großen Zehs durch übermäßige Pronation und schlecht sitzende Schuhe. Es gibt jedoch auch einen genetischen Faktor: Oft liegt eine Neigung zu Hallux valgus in der Familie.

Wird nichts gegen den Hallux valgus unternommen, verschlimmert er sich mit der Zeit und der große Zeh neigt sich immer stärker Richtung Nachbarzeh. Es ist zwar schön, wenn sich die Zehen so gut verstehen, aber Hallux valgus ist eine hässliche Sache und kann sich zudem noch entzünden. Begleiterscheinungen können Hallux limitus (Arthritis im Grundgelenk des großen Zehs) oder Hallux rigidus (Versteifung des Zehengelenks) sein. Außerdem tut es weh, wenn das Gelenk gegen sie Innenseite der Schuhe scheuert. Nicht so häufig wie der Hallux valgus ist der »Schneiderballen«, bei dem sich spiegelverkehrt der kleine Zeh nach innen neigt.

Vermeidung von Hallux valgus und Schneiderballen:
Leider lassen sich Hallux valgus etc. bei manchen Menschen nicht vermeiden. Doch Sie können ihre Entwicklung

bremsen und sie vielleicht sogar ganz abwenden, indem Sie Schuhe mit stützendem Fußbett (oder Einlagen) und genügend Platz für die Zehen tragen. Wenn Ihre Füße pronieren, sparen Sie sich die Stöckelschuhe für besondere Gelegenheiten auf, statt sie täglich zu tragen und darin zu laufen.

Behandlung:
Tragen Sie Schuhe, die vorne breiter sind und den Zehen Platz lassen. Manche Schuhe lassen sich an der Stelle, wo der Hallux valgus sitzt, weiten, so dass der Fuß nicht dagegen scheuert. Beraten Sie sich mit einer medizinisch ausgebildeten Fachperson, um zu entscheiden, wie Sie am besten verfahren. Tragen Sie orthopädische Einlagen. Tragen Sie einen Zehenspreizer zwischen dem großen und dem zweiten Zeh, ein Ballenpolster oder eine Ballenschiene, um den Druck zu lindern. Wenn alle nicht-chirurgischen Möglichkeiten ausgeschöpft sind, überlegen Sie, ob Sie vielleicht eine Operation machen lassen wollen, aber misstrauen Sie Vorhersagen von Chirurgen, die eine schnelle Wiederherstellung versprechen. Holen Sie eine Zweit- oder Drittmeinung ein. Zu möglichen Komplikationen, die auftreten können, zählen Gelenksteifheit, Infektionen, Vernarbung und Schwellung. Wenn Sie einen Hallux valgus operieren lassen, aber weiterhin Schuhe tragen, die Ihre Füße nicht stützen, kann er erneut auftreten.

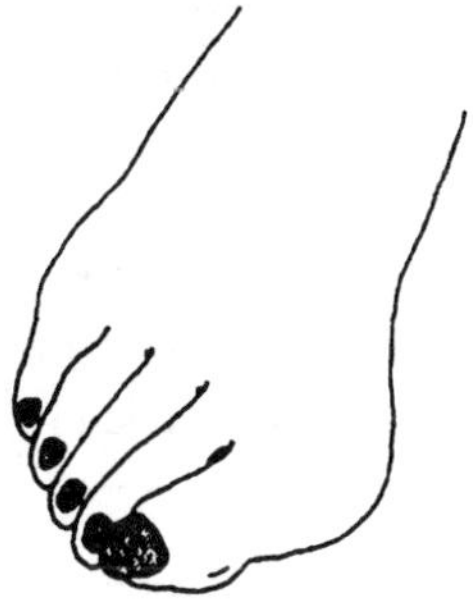

HAMMERZEHEN

Ein Hammerzeh ist eine Fehlbildung, bei der das Gelenk eines der mittleren Zehen gekrümmt ist und daher aussieht wie ein kleiner Hammer in einem Klavier. Dazu kommt es, wenn man jahrelang Schuhe trägt, die vorne zu eng sind und den Zeh einzwängen. Im Laufe der Zeit nimmt der Zeh nicht mehr seine ursprüngliche, gerade Form an, wenn er aus dem Schuhgefängnis entlassen wird und bleibt in der unnatürlichen, geknechteten Haltung stecken. Im schlimmsten Fall ist der Hammerzeh nicht nur geknickt, sondern liegt überkreuz mit dem Zeh daneben. Wenn sich einer der beiden kleinsten Zehen zum Hammerzeh entwickelt, ist er neben der Verkrümmung außerdem etwas nach unten verdreht. Es kann vorkommen, dass man an einem Fuß mehr als einen Hammerzeh hat.

An sich ist der Hammerzeh zwar hässlich, aber nicht mit Schmerzen verbunden. Er kann dennoch Schmerzen verursachen, weil sich durch den Hammerzeh die Druckverteilung im vorderen Fußteil verändert, was zu Hühneraugen, Verhornung, Blasen und Gelenkentzündungen führt. Er kann auch gegen den Schuh drücken, was zu einer Schleimbeutelentzündung führen kann.

Vermeidung von Hammerzehen:

Tragen Sie keine Schuhe, in denen Ihre Zehen Druck ausgesetzt sind. Das schließt die meisten hochhackigen Schuhe aus, sowie solche, die vorne zu eng sind.

Behandlung:

Tragen Sie Schuhe, die vorne besonders geräumig sind. Beraten Sie sich mit einer medizinisch ausgebildeten Fachperson, um zu entscheiden, wie Sie am besten vorgehen. Sie können

Einlagen, Schienen und Korrektur-Bandagen tragen, um die schmerzenden Bereiche zu schützen. In besonders schweren Fällen kann eine Operation notwendig sein, doch sollte man zunächst alle nicht-chirurgischen Optionen ausschöpfen, da eine Fußoperation Komplikationen nach sich ziehen kann, die noch schlimmer sind als der Hammerzeh.

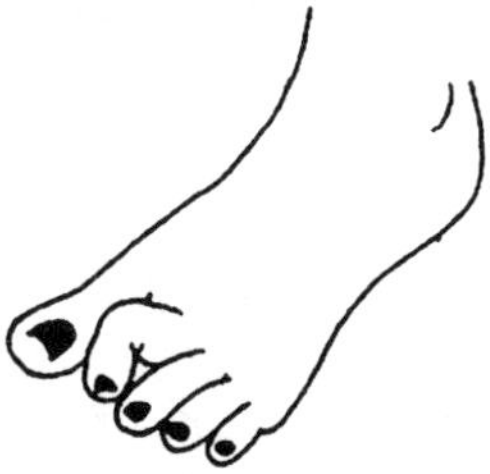

HÜHNERAUGEN UND SCHWIELEN

Sollten Sie beim Lesen essen, empfehle ich Ihnen, jetzt lieber damit aufzuhören, da Ihnen der Appetit vergehen könnte. Ein Hühnerauge ist eine kreisförmige Verhornung der Haut, die sich auf oder zwischen den Zehen befindet. Wie Sie sich schon denken können, bezieht sich der Name auf die Ähnlichkeit mit einem Vogelauge. Ein Hühnerauge entwickelt sich durch übermäßige Reibung: die Zehen reiben aneinander oder gegen den Schuh und die Haut bildet ein Hühnerauge als Puffer, um sich zu schützen. Das passiert oft bei Hammerzehen. Ohne diesen Zusammenhang kann ein Hühnerauge entstehen, wenn man zu schmale oder zu enge Schuhe trägt. Schwielen sind verhornte Hautstellen, die an den Fußballen entstehen, meist aufgrund von zu viel Gewicht, das auf den Mittelfußknochen lastet, was oft mit dem Tragen hochhackiger Schuhe zusammenhängt.

Vermeidung von Hühneraugen und Schwielen:
Tragen Sie Schuhe, die richtig passen. Der vordere Teil des Schuhs sollte genug Höhe und Weite bieten, damit sich Ihre Zehen darin bewegen können. Wenn Sie unbedingt hochhackige Schuhe tragen wollen, tragen Sie sie nicht ausschließlich: wechseln Sie sie mit flacheren Schuhen ab. Kaufen Sie Schuhe mit Absätzen mit einer extra Polsterung im Bereich des Mittelfußes, oder polstern Sie den vorderen Teil selbst mit Schaumgummi ab.

Behandlung:
Genau wie oben: Tragen Sie andere Schuhe. Beraten Sie sich mit einer medizinisch ausgebildeten Fachperson, um zu entscheiden, wie Sie am besten vorgehen. Sie kann das Hühnerauge oder die Schwielen beschneiden (tun Sie das niemals selbst). Druckstellenpflaster und Hühneraugenpflaster gibt es in jeder Drogerie, jedoch würde ich von solchen mit eingebettetem Wirkstoff abraten, da die enthaltene Säure die Haut verätzen kann. Wenn die Hühneraugen und Schwielen nicht verschwinden, brauchen Sie wahrscheinlich (orthopädische) Einlagen.

PLANTAR FASCIITIS

Dieses Leiden ist mit starken Schmerzen in der Ferse verbunden, die meist gleich als erstes beim morgendlichen Aufstehen auftreten, wenn man nach dem Liegen zum ersten Mal steht. Wenn das bei Ihnen der Fall ist, bedeutet es, dass Ihre Plantar Fascia (die Sehne, die auf der Unterseite des Fußes verläuft) überdehnt, verletzt oder entzündet ist. Plantar Fasciitis wird oft mit Fersensporn verwechselt, einem Knochenauswuchs an der Ferse, doch eigentlich sind

Fersensporne eine Folge von Plantar Fasciitis.
Von Plantar Fasciitis sind Frauen und Männer in gleichem Maße betroffen und das Leiden kommt sowohl bei sportlichen als auch bei viel sitzenden Menschen vor. Faktoren, die zur Entstehung von Plantar Fasciitis beitragen können, sind Übergewicht oder Gewichtszunahme; Überpronation; das Tragen von Schuhen ohne stützendes Fußbett; mehr als gewöhnlich Sport zu treiben oder irgendeiner körperlichen Aktivität nachzugehen, bei der die Fersen starkem Druck ausgesetzt sind; langes Stehen auf hartem Untergrund; oder schlicht das Älterwerden, wobei die Plantar Fascia einen Großteil ihrer Elastizität einbüßt.

Vermeidung von Plantar Fasciitis:
Tragen Sie Schuhe mit stützendem Fußbett, vor allem zum Laufen und für sportliche Aktivitäten.

Behandlung:
Beraten Sie sich mit einer medizinisch ausgebildeten Fachperson, um zu entscheiden, wie Sie am besten vorgehen. Sofortige Linderung ist mit einer Cortisonspritze zu haben, aber solche Spritzen bringen Nebenwirkungen mit sich. Das Gleiche gilt für entzündungshemmende Medikamente, die oral eingenommen werden. Weitere Behandlungsmöglichkeiten sind Krankengymnastik und eine Behandlung der Region mit Eis. Jedoch beseitigt keine dieser Methoden das tiefer liegende Problem. Am besten sollte man auf Schuhe mit einem richtigen Fußbett umsteigen. Damit sind nicht extra gepolsterte Schuhe gemeint, denn da die Polsterung den Fuß nicht stützt, können sich die Beschwerden noch verschlimmern.

MORTON NEUROM

Dieses Nervenleiden wurde nach einem Fußspezialisten benannt und lässt sich trotz des ominös klingenden Namens recht gut behandeln. Ein Morton Neurom tritt auf, wenn ein vergrößerter Nerv zwischen dem dritten und dem vierten Zeh ein brennendes Gefühl oder Taubheit in den Zehen hervorruft. Oft wird dieses Phänomen auch als »eingeklemmter Nerv« bezeichnet. Es tritt am häufigsten bei Frauen mit breiten Füßen auf, die hohe Absätze und/oder schmale Schuhe tragen.

Vermeidung von Morton Neurom:

Tragen Sie keine Schuhe, die zu schmal für Ihre Füße sind. Tragen Sie keine hochhackigen Schuhe, bei denen sich Ihr Gewicht auf den vorderen Teil der Füße verlagert und diese zu stark belastet.

Behandlung:

Tragen Sie Schuhe, die wirklich passen. Tragen Sie (orthopädische) Einlagen, damit Ihre Füße beim Gehen im Gleichgewicht sind. Wenn sie starke Schmerzen haben und dringend Linderung brauchen, fragen Sie Ihre Ärztin/Ihren Arzt nach Polstern, entzündungshemmenden Medikamenten oder Cortisonspritzen, doch seien Sie sich der Nebenwirkungen bewusst.

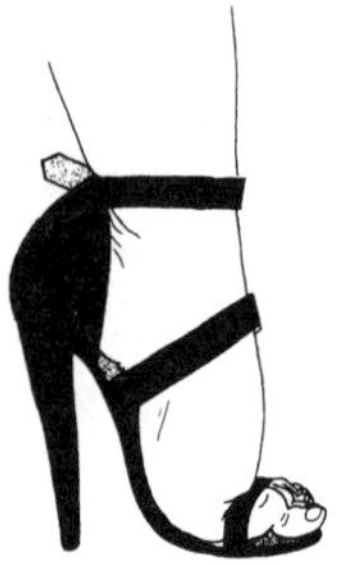

KNIE-, HÜFT- UND RÜCKENSCHMERZEN

Wenn Sie Schuhe mit Absätzen von vier Zentimetern oder mehr tragen, sind Sie gezwungen, beim Gehen eine unnatürliche Haltung einzunehmen. Die Belastung Ihrer Fußballen ist unausgeglichen und damit ist die normale Funktion ihrer Fußknöchel beeinträchtigt. Knie und Hüfte müssen sich anpassen, um Stabilität zu gewährleisten. Kurz gesagt: Es bringt Ihr gesamtes Ausrichtungs- und Gleichgewichtssystem durcheinander, was zu chronischen Schmerzen in den Knien, der Hüfte und im Rücken führen kann.[25]

Ich litt unter ständigen Knieschmerzen und hätte nie vermutet, dass das etwas mit meinen Füßen zu tun hatte. Auch meine Hausärztin kam nicht darauf, sondern vertrat die Theorie, es hätte etwas mit Knorpelverschleiß zu tun. Damit könnte sie teilweise Recht haben, doch nachdem ich anfing, orthopädische Einlagen zu tragen, ließen die Schmerzen fast gänzlich nach.

Wenn Sie bisher gut aufgepasst haben, wissen Sie nun, dass *Sie sich viel Ärger einhandeln, wenn Sie Schuhe tragen, die nicht richtig passen.* Das ist so klar wie ein Plexiglasabsatz, wenn man die medizinische Literatur zurate zieht. Das Tragen von Schuhen mit wenig Zehenraum und hohen Absätzen kann zu Hallux valgus, Hammerzehen, Hühneraugen, Schwielen, Plantar Fasciitis und Neuromen führen. Sie können außerdem Blasen und eingewachsene Zehennägel verursachen, was zwar weniger schlimm, aber dennoch schmerzhaft ist.

Um Fußschmerzen zu vermeiden oder zu lindern, steigen Sie auf besseres Schuhwerk um, das Ihre Füße nicht in eine unnatürliche Haltung oder Form zwingt. Andernfalls werden Ihre Füße mit der Zeit die unnatürliche Haltung oder Form des Schuhs annehmen, was nicht nur äußerst unangenehm, sondern außerdem fürchterlich anzusehen ist.

Eine bahnbrechende Studie der AOFAS von 1993, u.a. von Dr. Carol Frey verfasst, zeigte, dass beinahe alle Frauen die falschen Schuhe tragen.[26] An der Studie nahmen 356 gesunde Frauen zwischen 20 und 60 teil. Hier eine Auswahl ihrer Ergebnisse:

- 88 Prozent der Studienteilnehmerinnen trugen Schuhe, die ihnen zu klein waren.
- Durchschnittlich trugen die Frauen Schuhe, die um mehr als einen Zentimeter zu schmal und eine halbe oder ganze Schuhgröße zu kurz waren.
- 80 Prozent berichteten, sie hätten beim Tragen ihrer Schuhe erhebliche Schmerzen.
- 76 Prozent hatten Fehlbildungen der Füße, darunter am häufigsten Hallux valgus und Hammerzehen.
- 59 Prozent trugen täglich unbequeme Schuhe.
- 79 Prozent hatten ihre Füße in den letzten fünf Jahren nicht messen lassen, wenn sie Schuhe kauften.

Selbst die Teilnehmerinnen der Studie, die keine Schmerzen oder Fehlbildungen hatten, trugen Schuhe, die ihnen zu klein waren. »Die Durchschnittsteilnehmerin unserer Studie antwortete auf die Frage nach ihrer Schuhgröße, sie hätte eine 38 in normaler Weite«, sagte Frey der NEW YORK TIMES. »Doch als wir ihren Fuß an der breitesten Stelle maßen, genau am Fußballen, stellte sich heraus, dass sie eigentlich eine 38 ›weit‹ hat.«[27]

Jahre später trafen sich Frey und ihre Kolleginnen noch einmal mit 255 der Frauen, die ursprünglich an der Studie teilgenommen hatten. Und sie mussten feststellen, dass unglaubliche 86 Prozent der Frauen – die es inzwischen besser hätten wissen müssen – weiterhin Schuhe trugen, die zu klein für ihre Füße waren. Das waren nur zwei Prozentpunkte weniger als in der ersten Studie. Frey und ihre Kolleginnen wussten, dass die Schuhe dieser Frauen zu klein waren, weil sie die Umrisse der Füße der Teilnehmerinnen (im Stehen) nachzeichneten und die Maße mit den Schuhen der Frauen verglichen. Es überrascht nicht, dass beinahe drei Viertel (73 Prozent) der Studienteilnehmerinnen angaben, ein gewisses Maß an Schmerzen in den Füßen zu haben. Knapp 70 Prozent litten an einer oder mehreren Fehlbildungen: 71 Prozent aus dieser Gruppe hatten Hallux valgus; 50 Prozent hatten Hammerzehen; 18 Prozent hatten Schneiderballen; und 17 Prozent hatten andere Fehlbildungen.[28]

Beim Lesen dieser Berichte ist man versucht, diese Frauen aufspüren zu wollen und ihnen die Schuh-Leviten zu lesen. HALLO? Sie haben an einer orthopädischen Studie teilgenommen, bei der herauskam, dass Ihre Fußschmerzen auf zu kleine Schuhe zurückzuführen sind; und nun, zwei Jahre danach, tragen Sie noch IMMER zu kleine Schuhe?

Übrigens sind nicht nur Frauen unter sechzig so dumm. Eine andere Studie mit Frauen und Männern über 62 kam zum selben Ergebnis: auch sie tragen Schuhe, die ihnen zu klein sind.[29] In der Welt der Fußbekleidung heißt älter nicht unbedingt weiser.

Allerdings geht das Phänomen der zu kleinen Schuhe nicht nur darauf zurück, dass Leute beim Schuhkauf eine schlechte Wahl treffen. Freys Forschung zeigt, dass die Füße der meisten Frauen, besonders solcher, die überpronieren, vorne breit, an der Ferse jedoch schmal sind. Und leider sind die meisten Schuhe nicht so gemacht, dass sie vorne breit genug und an der Ferse schmal genug sind. Frauen mit einer solchen Fußform sitzen in der Klemme: Für welchen Schuh sollen sie sich entscheiden? Für einen, der hinten oder einen, der an den Zehen gut passt? Wenn der Schuh vorne breit ist, hat er wahrscheinlich auch eine breite Ferse, und sie rutschen beim Gehen heraus. Daher sind die meisten Frauen gezwungen, einen Kompromiss zu wählen. Es scheint vernünftig, dass sie Schuhe kaufen, die an der Ferse ordentlich sitzen, auch wenn das bedeutet, dass sie vorne zu eng sind. Schließlich ist es besser, einen zu engen Schuh zu tragen, als einen, der so weit ist, dass sie ihn verlieren, denken sie sich.

Die meisten von uns brauchen Schuhe, die vorne wesentlich breiter sind als hinten. Diese Schuhe haben einen kombinierten Leisten oder sind extra für breite Füße konstruiert. Die Mehrzahl modischer Schuhe ist jedoch vorne nur etwas breiter: der Zehenraum ist zu schmal. Bei den meisten Schuhen passt der Leisten (die Form aus Holz oder Plastik, die zum Aufbau des Schuhs dient) nicht zur Form der meisten Füße. Doch auch diese Fakten entbinden Frauen nicht ihrer Verantwortung. Wenn wir forderten, dass es eine größere Auswahl an breiteren Schuhen gibt und unsere Portemonnaies aus Protest gegen die Allgegenwart schmaler Schuhe verschließen würden, könnten wir erreichen, dass mehr Schuhe, denen ein realistischer Leisten zugrundeliegt, in den Läden zu finden wären.

Schuhhersteller machen ihre Schuhe schmaler, weil sie wissen, dass Frauen zierlich wirkende Füße haben möchten. Aber das ist schlicht kreative Faulheit. Es ist tatsächlich möglich, schmeichelhaftes Schuhwerk zu entwerfen, das ordentlich passt. Wir sollten die Hersteller nicht auch noch dafür belohnen, dass sie uns mit Designs beleidigen, die zwar schön, aber unpraktisch und schädigend sind.

Es gibt verschiedene Übungen, mit denen Sie Ihre Zehen kräftigen, jetzigen Schmerz lindern und zukünftige Schmerzen abwenden können. Folgendes Kräftigungsprogramm für die Zehen empfiehlt Dr. Frey ihren Patientinnen:

Großzehen-Züge

Wenn Sie unter Hallux valgus oder Zehenkrämpfen leiden, legen Sie ein breites Gummiband um beide großen Zehen und ziehen Sie dann die beiden Zehen voneinander weg in Richtung der kleineren Zehen. Fünf Sekunden lang halten und zehnmal wiederholen.

Zehenzüge

Wenn Sie unter Hallux valgus, Hammerzehen oder Zehenkrämpfen leiden, legen Sie ein breites Gummiband um alle Zehen eines Fußes und spreizen Sie die Zehen. Diese Position fünf Sekunden lang halten und zehnmal wiederholen.

Golfball-Rollen

Wenn Sie unter Plantar Fasciitis, Schmerzen an der Fußunterseite oder Fußkrämpfen leiden, rollen Sie mit dem Fußballen zwei Minuten lang über einen Golfball.

Murmeln aufheben

Wenn Sie Schmerzen im Fußballen, Hammerzehen oder Fußkrämpfe haben, verteilen Sie zwanzig Murmeln auf dem Boden. Dann heben Sie eine Murmel nach der anderen mit den Zehen auf und legen Sie sie in eine Schüssel. Machen Sie so lange weiter, bis Sie alle zwanzig Murmeln aufgelesen haben.[30]

Dr. Frey empfiehlt auch Zehenspreizgeräte (wie beispielsweise YogaToes). Sie ermutigt dazu, jede Gelegenheit zu nutzen, um – zum Beispiel am Strand – die Schuhe auszuziehen und barfuß im Sand zu laufen, weil das die Füße massiert und die Zehen kräftigt.

DER RAT DER EXPERTINNEN

Podologin/Podologe

Spezialisiert auf die medizinische Versorgung von Fuß, Fußknöchel und Unterschenkel. Die Podologin/der Podologe ist als medizinischer Fachberuf und nichtärztlicher Heilberuf definiert. Der wichtigste Berufsverband für diese Gruppe ist in Deutschland der Zentralverband der Podologen und Fußpfleger e.V.

Orthopädin/Orthopäde

ÄrztInnen, die ein Medizinstudium absolviert haben und sich auf Krankheitsbilder bezüglich der Kochen, Gelenke und Muskeln im gesamten Körper spezialisiert haben. Der Berufsverband der Fachärzte für Orthopädie und Unfallchirurgie e.V. ist in Deutschland die berufspolitische Vertretung für mehr als 7 000 in Praxis und Klinik tätige ExpertInnen. Außerdem gibt es die Deutsche Gesellschaft für Orthopädie und Orthopädische Chirurgie.

OrthopädietechnikerIn

Ein Gesundheitsfachberuf im Handwerk für den eine spezielle Ausbildung notwendig ist. OrthopädietechnikerInnen stellen verschiedene medizinisch-technische Hilfsmittel her, um orthopädische Beschwerden/Behinderungen auszugleichen oder den Heilprozess zu unterstützen. Sie beraten ihre KundInnen bei der Wahl des passenden Hilfsmittels, nehmen Maß, erstellen Konstruktionszeichnungen und Modelle.

4. KAPITEL:
Fußtox – Schönheitschirurgie für die Füße

Manche Frauen sind dermaßen verliebt in ihre Schuhe, dass sie sich trotz fürchterlicher Schmerzen weigern, sie aufzugeben. Im Extremfall sind sie nicht bereit, den Schuh dem Fuß anzupassen, sondern entscheiden sich, den Fuß dem Schuh anzupassen. Und warum sollte man im heutigen Zeitalter der Generalüberholung NICHT ruhig ein Stück Knochen abschnippeln, um den lästigen langen Zeh zu verkürzen? Warum sollte man in dieser Welt der Fettabsaugung und Hochfrequenz-Liftings, die angeblich schlaffe Haut straffen und Cellulitis reduzieren, NICHT dafür sorgen, dass die Füße ebenso gut aussehen wie der Rest des geformten Körpers?

Tatsächlich begannen Frauen sich in den frühen 2000er Jahren unters Messer zu legen, damit ihre Füße in die schmalen, spitzen Schuhen passten oder damit ihre bloßen Füße stromlinienförmiger aussahen. Zu den Eingriffen gehörte, dass ein Stück Knochen aus einem Zeh herausgenommen wurde, um ihn zu verkürzen, einen beschwerdefreien Hallux valgus zu richten, um die Beule zu entfernen, und Fettinjektionen in den Fußballen, um die Polsterung zu erhöhen.

Die Fußspezialistin Dr. Suzanne M. Levine ist zwar bei weitem nicht die einzige Medizinerin, die solche Schönheitsoperationen am Fuß durchführt, aber sie zeigt sich am ehesten bereit, mit den Medien darüber zu sprechen.

»Nehmen Sie eine durchschnittliche Frau und geben Sie ihr Stöckelschuhe statt flache Schuhe, und plötzlich wird ihr auf der Straße hinterher gepfiffen«, sagte Levine der NEW YORK TIMES. »Ich tue alles was ich kann, damit sie ihre Schuhe wieder tragen können.«[31] Sie fügte hinzu, dass sie »ja nur ein Bedürfnis erfüllt, ein Bedürfnis, schicke Schuhe zu tragen.« Sie selbst trägt die neusten Trends zur Schau und erschien in einer TV-Talkshow in hochhackigen Hexenschuhen, die vorne sehr spitz zuliefen. Das Hauptproblem, von dem ihre Patientinnen berichten, ist, dass ihnen andere ÄrztInnen sagen, sie sollten keine High Heels tragen, was sie aber nicht hören wollen. Also kommen sie stattdessen zu ihr, um das zu hören zu bekommen, was sie hören wollen.

In der VOGUE wurde Levine als »die Fußspezialistin für Manhattans Promis« und als »selbst hartgesottene Manolo-Trägerin« bezeichnet.[32] Zu ihren Klientinnen gehören Anna Wintour, Katie Couric, Diane Sawyer, Oprah Winfrey und Barbara Walters.[33] »Ich bin keine Befürworterin davon, sich operieren zu lassen, bloß um in irgendwelche Schuhe zu passen, das ist ganz und gar nicht mein Standpunkt«, erzählte sie dem NEW YORK OBSERVER. »Aber ich will es Frauen ermöglichen, hohe Absätze zu tragen, weil sie es sowieso tun werden.« Sie beklagte, dass viel zu viele Frauen auf ihre anderen ÄrztInnen hören und tatsächlich auf ungefährliches Schuhwerk umsteigen. Diese Frauen haben sich »mehrere Gesichtsliftings, eine Nasenkorrektur, den Hals machen lassen, die Lippen etwas zu sehr vergrößern lassen, und siehe da, wenn man dann nach unten schaut, sind da die Füße der eigenen Großmutter! Es ist schockierend. Oben tragen sie ein Chanel-Jäckchen und unten orthopädische Schuhe. Das ist nicht besonders SEXY.«[34]

Levine führt eine »medizinische Wellnessklinik«, wobei

sich die Grenzen zwischen Medizin und Schönheitskur verwischen. Sie nennt es das »Institute Beauté«, das sie gemeinsam mit Dr. Everett Lautin leitet, der auf Botox-Spritzen spezialisiert ist. Glaubt man der Website der Klinik, verfolgt Levine »das Ziel, dass jede Patientin sich so gut wie möglich fühlt und so bald wie möglich wieder ihre Lieblingsschuhe tragen kann«, was durch chirurgische Eingriffe wie »Zehenverkürzung« oder »Fußverschmälerung« erreicht wird.[35]

Doch nachdem sie sich diesen Operationen unterzogen haben, gehen viele Patientinnen schnurstracks zu ihren alten ÄrztInnen zurück, um Folgen der Eingriffe rückgängig machen zu lassen, welche sich möglicherweise nicht mehr rückgängig machen lassen. Die Amerikanische Orthopädische Gesellschaft für Füße und Fußknöchel (AOFAS) warnt Patientinnen davor, sich einer Fußoperation zu unterziehen, außer sie leiden unter Schmerzen oder Bewegungseinschränkung, denn sie riskieren Komplikationen wie Infektion, Nervenschäden, anhaltende Schwellung eines Zehs und selbst chronische Schmerzen beim Gehen.[36] Über die Hälfte der Mitglieder dieser Gesellschaft berichtet davon, Patientinnen mit Beschwerden aufgrund einer kosmetischen Fußoperation behandelt zu haben.[37]

Dr. Rock Positano bekommt immer häufiger Anfragen, die Fehler anderer Chirurgen zu korrigieren. »Das ist beängstigend«, erzählt er mir. »Wenn eine Fußoperation schiefläuft, beeinträchtigt das die Lebensqualität der betroffenen Person in einer Weise, wie sie nie erwartet hätte. Ich bin verblüfft, wenn Patientinnen mir erzählen, ›Ich habe einen Eingriff machen lassen. Ich wollte mir die Zehen verkürzen und diese Beule wegmachen lassen, und ich wollte in schönere Schuhe hineinpassen.‹ Und das

Endergebnis ist meist: ›Jetzt habe ich ein Problem, das ich vorher nicht hatte.‹ Das begegnet mir allzu oft. Wenn man einmal Knochen entfernt oder die Ausrichtung oder Architektur des Fußes verändert hat, wird er nie wieder ganz so sein wie zuvor. Und wir reden hier nicht nur vom Fuß. Der Fuß steht in direkter Verbindung zur Funktion des Unterschenkels, des Knies, der Hüfte und des Rückens.«

»Und wenn die Patientin unter Schmerzen leidet und die Operation nötig ist, und sie sozusagen als Zugabe letztendlich einen schöneren Fuß bekommt?«, frage ich. »Warum ist das problematisch?«

»Da geraten die Leute in Schwierigkeiten«, sagt er. »Eine Patientin lässt eine medizinisch indizierte Operation machen. Zum Beispiel hat sie eine schlimme Arthritis im großen Zeh, die sehr schmerzhaft ist. Aber dann sagt sie sich: ›Naja, wenn ich schon dabei bin, warum sollte ich mir nicht das Neurom oder ein Stück Knochen vom Hammerzeh wegmachen lassen?‹ Das sehe ich immer wieder. Es ist diese Haltung ›Machen Sie das doch gleich mit, da Sie schon mal dabei sind‹, die die Leute in Teufels Küche bringt.«

Ich weiß, dass es wichtig ist, zwischen rein kosmetischen und medizinisch indizierten Eingriffen zu unterscheiden. »Aber«, beharre ich, »wie verhält es sich, wenn es da Überschneidungen gibt? Ist es denn so schlimm, den Fuß zu verschönern, wenn man ohnehin operieren muss?«

»Lassen Sie mich eins klarstellen«, sagt Positano. »Wenn bei Ihnen eine Fußoperation notwendig ist, wenn Sie starke Schmerzen haben und alle konservativen Methoden ausgeschöpft wurden, dann sind Sie eine geeignete Kandidatin für eine OP. Aber neun von Zehn Patientinnen, die in meine Sprechstunde kommen, brauchen die Operation nicht. Der einen Patientin, bei der sie tatsächlich notwendig ist, geht es unweigerlich sehr gut. Das liegt daran, dass es noch eine psychologische Komponente gibt. Die Patientin hatte starke Schmerzen und hat alle nichtchirurgischen Möglichkeiten ausgeschöpft. Als diese Patientin sich der Operation unterzog, hatte sie eine klarere Vorstellung davon, was sie erwartete.«

Dr. Sharon Dreeben, orthopädische Chirurgin im kalifornischen La Jolla und ehemalige Vorsitzende des Ausschusses für öffentliche Bildung der AOFAS, hat sich schon öfters gegen kosmetische Fußchirurgie ausgesprochen und ist ebenfalls der Meinung, dass die Erwartungen der Patientinnen entscheidend sind. »Wenn man sich der Operation unterziehen MUSS, überwiegen größtenteils die Vorteile die möglichen Komplikationen«, erklärt sie. »Aber wenn man die OP nicht unbedingt braucht, weil man keine Schmerzen hat, laufen kann und keine wirklichen Fehlbildungen hat, dann stehen die Folgeschäden mehr im Fokus als die Vorteile. Ich hatte schon Patientinnen mit echten Fehlbildungen, da ist das etwas völlig anderes. Doch eine 30- oder 40-jährige Frau, die sich die Zehen kürzen lassen will, um in ihre Manolo-Schuhe zu passen, hat ein abnormes psychologisches Selbstbild. Es ist offensichtlich, dass hier nicht der Fuß, sondern der Verstand das Problem ist.«

Positano und Dreeben waren in ihren Aussagen eindeutig, doch ich war noch immer nicht überzeugt. Es schien eine Grauzone zu geben. Hallux valgus und Hammerzehen sind hässlich, aber meist nicht schmerzhaft, wenn man sehr breite Schuhe trägt. In nicht-orthopädischen Schuhen scheuern sie jedoch gegen die Schuhinnenseite und das tut dann doch weh. Ist es also in jedem Fall schlecht, Hallux valgus und Hammerzehen begradigen zu lassen, um nicht-orthopädisches Schuhwerk tragen zu können?

»Es gibt keine Grauzone«, sagt mir Dr. Johanna Youner, Fußchirurgin aus Manhattan, mit Nachdruck. »Man verändert nicht das kosmetische Erscheinungsbild seines Fußes, weil einem nicht gefällt, wie er aussieht. Man verändert es, weil es weh tut. Wenn die Operation notwendig ist und davon zusätzlich das kosmetische Aussehen profitiert, ist das für alle gut und alle sind froh. Doch man muss vorsichtig sein. Manche Ärzte führen die OP bereits durch, wenn die Patientin nur geringe Schmerzen hat, und daraus können dauerhafte Beschwerden resultieren. Das kann man nicht auf die leichte Schulter nehmen. Es gibt keine Garantie, dass alles glatt läuft. Wenn man irgendwelche Veränderungen vornimmt, kann einem das furchtbaren Ärger einbringen.«

Diesen ÄrztInnen zufolge und in Positanos Worten, brauchen »neun von zehn« Patientinnen nicht wirklich eine Operation. Doch als ich mit Levine spreche, behauptet sie das Gegenteil: »In neun von zehn Fällen BESTEHT eine medizinische Indikation«, sagt sie. (MedizinerInnen beginnen ihre Sätze gerne mit »In neun von zehn Fällen.«) Sie sagt, sie könne nicht verstehen, warum diese Operationen umstritten seien. »Die Kürzung von Zehen« ist »doch ein ganz normaler orthopädischer Eingriff. Man nennt ihn Resektion. Man kürzt den Knochen eines Hammerzehs. Es leuchtet nicht ein«, warum das verurteilt wird. Eine »Fußverschmälerung« ist derweil »nichts anderes als die Entfernung eines Hallux valgus, wobei man gleichzeitig den Fuß schmaler macht. Aus Sicht eines Laien begradigt man nur den Hallux valgus.«

»Doch wenn Sie Begriffe wie ›Zehenkürzung‹ und ›Fußverschmälerung‹ benutzen«, frage ich, »verwirren Sie damit nicht die Leute?«

»Fußchirurgen führen weiterhin traditionelle Operationen durch, doch achten sie darauf, weniger Narben zu hinterlassen. Was ist daran verkehrt?«, fragt sie. »Doch es liegt in ihrem Interesse, dabei die Schmerzlinderung in den Vordergrund zu stellen. Die Krankenversicherungen übernehmen die Kosten nicht, wenn es keine medizinische Indikation gibt.«

Ich frage Mary Marcdante, die die hervorragende Website BunionSurvivor.com betreibt, was sie davon hält, wenn Leute sich einer Hallux-valgus-Operation unterziehen, um weniger Schmerzen zu haben, und dabei den zusätzlichen Vorteil genießen, die Arztpraxis danach mit schöneren Füßen zu verlassen. »Ich habe mit Hunderten von Frauen über ihre Fragen und Sorgen bezüglich der Operation von Hallux valgus gesprochen, und eine der häufigsten Reaktionen ist, dass sie sich besser aussehende Füße wünschen, damit sie hübschere Schuhe tragen können«, erzählt sie. Marcdante hatte sich selbst lange für ihre großen Füße mit »Grüne-Bohnen-Zehen und golfballartigen Hallux valgus wie bei einer Oma« geschämt. Schließlich konnte sie die Schmerzen nicht mehr ertragen und ließ den Hallux valgus an ihrem rechten Fuß entfernen. »Ich hatte meinen Arzt zwar nicht darum gebeten, mir die Füße zu verschönern, doch vor der OP malte ich mir aus, wie viel ›hübscher‹ – ich verwendete genau diesen Ausdruck – meine Füße aussehen würden, daher kann ich es verstehen, wenn eine Frau, die vor einer Hallux-valgus-Operation steht, ihren Arzt darum bittet, ihre Füße schöner zu machen. Als ich die OP hinter mir hatte und der Verband abgenommen wurde, freute ich mich weniger darüber, dass die Schmerzen ein Ende hatten, als dass ich endlich einen normal aussehenden Fuß und Zeh hatte. Das hielt ganze sechs Monate. Die Beule kam zurück und es bildet sich erneut ein leichter Hallux valgus.«

ERSCHRECKENDE OP-BERICHTE

Wenn Sie die schauerlichen Erfahrungsberichte dieser Frauen lesen, werden Sie Ihre Zehen in ihrer jetzigen Form zu schätzen wissen.

Die 44-jährige Patricia aus dem Norden Virginias ließ vor zwei Jahren ihren Hallux valgus und Hammerzeh operieren. Vor der OP war sie eine Marathonläuferin. Heute kann sie nicht mehr laufen, hat Probleme beim Gehen, hat chronische Schmerzen und einen deformierten Fuß.

»Ich spreche nicht gern darüber. Ich will es bloß hinter mir lassen. Doch wenn ich nur eine Frau davor bewahren kann, das zu erleiden, was ich durchgemacht habe, dann lohnt es sich, darüber zu sprechen.

Ich war Langstreckenläuferin. Damit konnte ich mich im Alltag abreagieren. Beim Laufen tat mir jedoch der linke Fuß weh, weil ich da einen Hallux valgus hatte. Ich hatte zwar auch am rechten Fuß einen Hallux valgus, aber der bereitete mir vor zwei Jahren noch keine Schmerzen. Ich sprach mit ÄrztInnen, die mir von einem chirurgischen Eingriff abrieten. Sie sagten, ich solle das Laufen aufgeben und Schuhe mit Einlagen tragen, dann könne mir nichts passieren. Doch das wollte ich nicht hören, weil ich unbedingt laufen wollte. Also suchte ich einen orthopädischen Chirurgen auf und ließ mich überreden. Er machte mir weis, er könne das Problem beheben, so dass ich weiter laufen könne. Er behauptete außerdem, ich hätte einen Hammerzeh.

Ich glaubte das zwar nicht, – wenn ich überhaupt einen hatte, dann nur in sehr schwacher Ausprägung – doch er behauptete, er könne beides gleichzeitig beheben. Er spielte das Ausmaß des Eingriffs herunter. Doch er hatte einen guten Ruf, und als ich Recherchen über ihn anstellte, fand ich nirgendwo Beschwerden, die gegen ihn vorgelegen hätten.

Also ließ ich die OP machen. In der Sprechstunde sagte er mir noch, er würde beim Hallux valgus Schrauben einsetzen, die ein paar Wochen später wieder entfernt würden, und beim Hammerzeh würde er das Gleiche mit Stiften machen. Dauerhaft sollte nichts in meinem Körper bleiben. Doch gleich nachdem ich unter Narkose gesetzt worden war, hätte er es sich anders überlegt, erzählte mir der Arzt. Statt Stiften wollte er beim Hammerzeh nun ein Implantat verwenden.

Als der Verband abgenommen wurde, tat es fürchterlich weh. Rund um den Einschnitt am Hammerzeh hatte ich einen Ausschlag und Pickel am ganzen Fuß. Doch als ich den Arzt danach fragte, spielte er es runter und schnitt mir das Wort ab. Er sagte, das sei normal. Also ging ich nach Hause, doch der Ausschlag breitete sich über meinen ganzen Körper aus und mein Fuß schwoll an. Ich ging zurück in die Orthopädie-Praxis und wurde ins Wartezimmer gebeten. Als der Arzt mich endlich empfing, bestand er weiterhin darauf, dass alles in Ordnung sei, obwohl es für jeden anderen, der mich sah, offensichtlich war, dass irgendetwas ganz und gar nicht stimmte. Also machte ich mich auf den Weg in die Notaufnahme. Der zuständige Arzt dort sagte mir, ich hätte eine allergische Reaktion oder eine Infektion, er könnte mich jedoch nicht ins Krankenhaus aufnehmen, da mein Orthopäde mich überweisen müsse. Also ging ich wieder zur Praxis des Orthopäden. Inzwischen hatte sich der Ausschlag bis zu meinem Gesicht ausgebreitet. Als der Arzt mein Gesicht sah, reagierte er plötzlich und zum ersten Mal besorgt, obwohl er sich noch immer nicht in der Verantwortung sah. Ich verbrachte schließlich eine ganze Woche im Krankenhaus. Dem Himmel sei Dank, war ich versichert. Ich bekam Steroide, Antibiotika und hing am Tropf. Danach ging ich noch wochenlang zum Dermatologen.

Ich war überzeugt, dass das Implantat der Übeltäter war. Nachdem der Orthopäde sich weigerte, mir irgendwelche Informationen darüber zu geben, recherchierte ich selbst und fand heraus, dass es eine geringe Menge Nickel enthielt, was das Problem verursacht haben konnte. Schließlich entfernte er das Implantat, das wegen eines Hammerzehs eingesetzt worden war, der mir ursprünglich gar keine Beschwerden gemacht hatte. Doch die Schrauben im Bereich des Hallux valgus entfernte er nie.

Dort, wo der Hallux valgus war, habe ich chronische Schmerzen, die schlimmer sind als vor der Operation. Und den zweiten Zeh, den ehemaligen Hammerzeh, kann ich nicht bewegen, weil alle Sehnen darin entfernt wurden. Der Zeh ist kurz und verkrümmt, wobei mir inzwischen egal ist, wie er aussieht. Ich kann nicht laufen, und habe einen schiefen Gang, weil sich der zweite Zeh nicht strecken lässt. Die OP war das Dümmste, was ich jemals in meinem Leben gemacht habe.«

Die 23-jährige Elyse Hoed unterzog sich vor vier Jahren in Miami einer Hallux-valgus-OP. Bis heute leidet sie unter Fußschmerzen und kann die meisten Schuhe nicht tragen.

»Ich war acht Jahre lang Cheerleader, als mein linker Fuß anfing, mir wehzutun, wobei der Schmerz bis hinauf ins Knie schoss. Ich suchte einen Fußspezialisten auf, der mir sagte, ich hätte einen Hallux valgus und einen

Schneiderballen. Ich war angespornt, den Eingriff machen zu lassen, weil ich jung war und es hieß, ich würde mich schnell wieder erholen. Ich war sehr vorsichtig und sprach erst mit verschiedenen Chirurgen, bevor ich mich entschied, es machen zu lassen. Schließlich fiel meine Wahl auf ein Ärzteteam bestehend aus einem älteren und einem jüngeren Arzt. Sie sagten mir, dass mein Fuß nach dem Eingriff sehr viel schmäler wäre und dass sich viele Supermodels dieser OP unterziehen würden, damit ihnen bestimmte Schuhe passten. Das stellte sich für mich als totaler Widerspruch heraus, da diese Operation die Schuhtypen, die ich noch tragen kann, sehr eingeschränkt hat.

Das war vor vier Jahren und mein Fuß ist noch immer nicht hundertprozentig verheilt. Während meiner Collegezeit arbeitete ich an der Bar einer Kneipe und kam jeden Abend mit einem so geschwollenen Fuß nach Hause, dass ich die Zehen nicht bewegen konnte. Jetzt habe ich einen Job, bei dem ich schick gekleidet sein muss. Doch ich kann keine geschlossenen, hochhackigen Schuhe tragen, weil dann zu viel Druck auf meinem Fuß lastet. Wenn der Fuß zu lange eingeengt ist, schwillt er an und ich gehe nach einem Arbeitstag oft mit einem sehr geschwollenen Fuß nach Hause.

Die OP wurde zwar nicht verpfuscht, aber es ist ein größerer Eingriff, und der kann negative Folgen haben.«

Bobbi Leder aus Houston hatte mit zwanzig eine Hallux-valgus-Operation. Das war vor neunzehn Jahren. Ihr Hallux valgus bildete sich fast sofort erneut und sie kann ihren großen Zeh nicht bewegen.

»Ich habe bereits mit acht Jahren einen erblich bedingten Hallux valgus entwickelt. Als ich zwanzig war, konnte ich kaum noch in Schuhen laufen, weil der Hallux valgus

an meinem rechten Fuß dermaßen ausgeprägt war. Der chirurgische Eingriff war absolut notwendig. Doch da ich bei meiner Mutter mitversichert war, hatte ich keine großen Wahlmöglichkeiten. Ich musste den niedergelassenen orthopädischen Chirurgen in unserer Gegend aufsuchen.

Der Chirurg verwendete Leichtgewicht-Stifte, um den Knochen nach dem Eingriff zu halten. Als mein Fuß eingegipst war, wanderte einer der Stifte tief in meinen Fuß hinein. Da der Arzt in den zwei Monaten, in denen ich den Gips trug, keine Röntgenaufnahmen machte, merkte er nichts davon. Ohne die Stifte nahm der Knochen wieder seine alte Form an und die OP war umsonst. Nachdem der Gips abgenommen wurde, musste ich noch mal operiert werden, damit die Stifte entfernt werden konnten. Diese OP zur Stiftentfernung sollte eigentlich nur ein paar Minuten dauern, dauerte dann aber fast eine Stunde, weil der wandernde Stift sich tief eingegraben hatte und der Arzt ihn nicht finden konnte.

Dann hatte ich eine fürchterliche Entzündung. In Laiensprache ausgedrückt: der große Zeh war wie versteinert und blieb beim Gehen steif. Ich hatte das Glück, dass mir die Krankenversicherung neun Monate Physiotherapie bezahlte. Die Therapeutin erklärte mir, dass das, was ich für eine Entzündung hielt, tatsächlich der Hallux valgus war. Er war wieder da oder nie behoben worden.

Heute habe ich nicht die volle Beweglichkeit in meinem ersten Mittelfußknochen. Mein großer Zeh ist trotz Krankengymnastik und Zehenübungen immer noch sehr steif. Außerdem habe ich eine lange, wulstige Narbe, die heute noch genauso schlimm aussieht wie vor neunzehn Jahren. Die Narbe tut sogar weh, wenn man sie berührt. Da, wo die Stifte waren, habe ich auch Narben.

Der Eingriff war sehr schmerzhaft und er war eine Verschwendung von Zeit, Geld und Energie, ganz zu schweigen von der Narbe, die er hinterließ. Inzwischen bin ich bei vielen Fußspezialisten gewesen, die sich alle darin einig sind, dass man statt Stiften Schrauben hätte verwenden sollen. Leben ist Lernen. Heute tut mir mein anderer Fuß weh und ich habe Schneiderballen an beiden Füßen, aber ich würde mich nie wieder einer solchen Prozedur unterziehen.«

Betty Kerber aus Minnetonka in Minnesota hatte mit 42 eine Hammerzehen-OP. Inzwischen ist sie 56 und musste sich aufgrund dieses Eingriffs vor kurzem zwei Zehen amputieren lassen.

»Ich hatte an allen vier kleinen Zehen meines linken Fußes Hammerzehen. Sie waren aber nicht so schlimm und ich hätte sie nicht operieren lassen sollen. Der Arzt setzte beim zweiten und dritten Zeh Stifte ein, die er jedoch nie wieder entfernte. Ich habe ihn nicht danach gefragt, weil ich annahm, er wüsste, was er tat. Beim vierten und fünften Zeh entfernte er die Knochen und verband sie miteinander.

Nach dem Eingriff konnte keiner der vier Zehen den Boden berühren, sie zeigten alle nach oben. Der Arzt sagte: ›Aber sie sollen ja auch nicht den Boden berühren!‹ Das ergab für mich keinen Sinn. Ich suchte ihn erneut auf und sagte, dass etwas nicht stimme und dass ich die Rechnung erst komplett bezahlen würde, wenn er den Fehler korrigiert hätte. Ich forderte meine Krankenakte zurück, doch er verweigerte sie mir, da ich noch nicht alles bezahlt hatte. Bald darauf starb er bei einem Autounfall. Meine Akte sah ich nie wieder.

Im Lauf der Jahre bin ich bei mehreren Fußspezialisten gewesen, die mir sagten, man könne die Stifte jetzt nicht mehr herausnehmen. Der zweite und dritte Zeh sind sehr steif und ich kann sie nicht beugen oder bewegen. Der vierte und fünfte Zeh bestanden nur aus Hautlappen, die herumhingen. Sie haben sich ständig entzündet und wurden immer kürzer. Also ließ ich sie entfernen. Jetzt habe ich am linken Fuß nur noch drei Zehen.

Mein Fuß schmerzt dauernd. Er ist sehr empfindlich. Ich muss gepolsterte Schuhe mit stützenden Einlagen tragen. Barfußlaufen ist zu schmerzhaft. Es fällt mir außerdem schwer, das Gleichgewicht zu halten.

Jemandem, der überlegt, einen chirurgischen Eingriff am Fuß machen zu lassen, würde ich raten, mindestens drei Meinungen dazu einzuholen und sich vorher nach Folgeschäden zu erkundigen.«

Während unseres Interviews betonte Dr. Levine besonders den Bereich ihres Wellnesstempels, der nichts mit Chirurgie zu tun hat. Das »Institute Beauté« bietet solche Behandlungen an wie das Bleichen vergilbter Zehennägel, Hühneraugenentfernung, Botoxinjektionen für die Füße (gegen starken Fußschweiß) und eine Luxuspediküre, die sich »Foot Facial« nennt. (Als ich sie zu der witzigen Bezeichnung beglückwünschte, betonte sie, dass sie sie geschaffen und ein Patent darauf hätte). Man kann dort auch eine Reihe von teuren Schönheitsbehandlungen bekommen, die nichts mit den Füßen zu tun haben – Laser-Haarentfernung, Warzenbehandlung, Microdermabrasion und Botoxspritzen fürs Gesicht.

Levine war ganz erpicht darauf, über die Aufspritzung des Fußballens zu sprechen. Angeboten wird das

Aufpolsterungsmaterial u.a. von den Firmen Juvéderm und Sculptra. Levine nennt den Eingriff »Kissen für Ihre Füße« (und hat sich die Bezeichnung wieder patentieren lassen). Theoretisch soll die Aufpolsterung das Fett ersetzen, das altersbedingt verschwunden ist, so dass man hochhackige Schuhe tragen kann. »Das ist das erfolgreichste Verfahren, statt einer Operation, die die Struktur des Fußes verändert. Meines Erachtens ist das relativ konservativ. Es ermöglicht Frauen, ihre Schuhe länger zu tragen. Man lässt dabei den Hallux valgus so wie er ist.« Der Eingriff muss alle sechs bis neun Monate wiederholt werden und kostet jedes Mal ab 500 Dollar pro Fuß.

Levins medizinische Wellnessklinik ist gleichzeitig der Sitz einer Organisation, die sie und Dr. Everett Lautin 2005 ins Leben riefen: die Internationale Gesellschaft für Fußästhetik (IAFS). Levine und Lautin halten Vorträge und machen Seminare für Mitglieder der Gesellschaft, der Website des Vereins zufolge vermitteln sie die »neuesten Techniken zur Behandlung von Komplikationen« und demonstrieren, wie Fußballeninjektionen funktionieren. Sie bieten außerdem Vermarktungstipps an: »Wie Sie die Presse auf Ihre Praxis aufmerksam machen«. Dr. Cynthia Marzouka-Losito wurde auf der Website der IAFS vorgestellt, weil sie 2007 an einem Seminar von Levine und Lautin teilnahm und jetzt Sculptra in Füße injiziert – für 1000 Dollar pro Fuß.[38]

Und was sagt die Ärztegemeinschaft zu »Kissen für Ihre Füße«? Das Injizieren von aufpolsterndem Material in den Fußballen ist Dr. Sharon Dreeben zufolge »ausgesprochen lächerlich«. Wie sie sagt, »besteht erstens kein Zusammenhang zwischen der Dicke des Fußballens und dem Empfinden von Schmerz. Zweitens wird sich das Material zersetzen oder Narben verursachen. Ganz egal, welches Material man verwendet, es wird nicht von Dauer sein. Drittens können große Probleme auftreten. Manche Menschen sind gegen diese Stoffe allergisch, bei ihnen können sich riesige Granulome bilden, das sind abnorme Gewebewucherungen im Fuß, die durch die Reaktion des Körpers auf eine fremde Substanz entstehen. Manchmal wandern die Substanzen und dabei können Nerven eingeklemmt werden. Ich bin entsetzt und verwundert, dass dieser Eingriff gemacht wird.«

»Injektionen zur Polsterung des Vorfußes sind langfristig meist nicht gut und können für eine Person, die längere Strecken zu Fuß geht, sogar verheerend sein«, stimmt Positano zu. »Ich bin unzähligen Frauen und Männern begegnet, bei denen sich im Bereich dieser Injektionen sehr schmerzhaftes Narbengewebe gebildet hat. Es kann außerdem zu Nervenentzündungen und Nervenschäden kommen. Ich rate dazu, da nicht mitzumachen. Es ist wesentlich sicherer und effektiver, sich eine orthopädische Einlage verschreiben und anfertigen zu lassen, um die Belastung des Vorfußes auszugleichen und zu verringern.«

Doch eine Frau, die eine schnelle Lösung sucht, damit sie die neuen Peeptoe-Plateauschuhe tragen kann, möchte nichts davon hören, dass sie stattdessen einen gesunden Schuh mit Einlagen tragen soll. Deswegen gibt es ja die Industrie für kosmetische Fußchirurgie überhaupt. »Wir hatten den falschen Ansatz, als wir versucht haben, die Frauen aufzuklären«, seufzt Dreeben. Die Frauen hören nicht auf ihre ÄrztInnen, wenn die ihnen sagen, sie sollen aufhören, hochhackige zu Schuhe tragen, sagt sie. »Wenn ICH sie trage, kann ich anderen Frauen nicht sagen, sie sollen es nicht tun. Also bin ich selbst das Vorbild. Ich trage in der Praxis schicke Schuhe, in denen mich meine Patientinnen herumlaufen sehen. Ich habe ein Paar flache Schuhe mit Leoparden-Druck und andere modische und gleichzeitig bequeme Schuhe. Ich sage meinen Patientinnen, sie sollen tagsüber schicke, bequeme flache Schuhe tragen, und ihre Stöckelschuhe zum Dinner im Restaurant mitbringen, wo sie nur sitzen und nicht herumlaufen.

Ich mache es auch zum Prinzip, meinen Patientinnen zu zeigen, wie meine Schuhe innen aussehen. Ich lege spezielle stützende Polster ein. Wenn ich Schuhe trage, die vorne spitz zulaufen, kaufe ich sie eine halbe Nummer größer und stopfe die Spitze mit Papier aus. Es gibt so viele kleine Tricks, die man anwenden kann. Wenn man einen Hallux valgus oder einen Schneiderballen hat, kann man die Schuhe zum Schuster bringen und sie weiten lassen. Ich möchte, dass meine Patientinnen sehen, was wir tun können, um unsere Schuhe anzupassen. Ich sage ihnen: ›Ich bin genauso eitel wie Sie. Wenn ich das kann, können Sie es auch.‹«

Und was ist der beste Rat, den Dr. Youner ihren Patientinnen mitgibt? Sie sagt ihnen: »Wenn Ihre Füße hässlich sind, machen Sie hübschen Nagellack drauf.«

ABER WAS TUN, WENN DIE OP SEIN MUSS, WEIL SIE SCHMERZEN HABEN?

Sie haben alles getan, um einen chirurgischen Eingriff am Hallux valgus oder Hammerzeh zu vermeiden. Sie tragen orthopädische Einlagen und Schuhe mit einem breiten Zehenraum; Sie machen Zehenübungen; und Sie sind regelmäßig beim Fußspezialisten gewesen. Doch jetzt sind die Schmerzen immer stärker geworden und Sie glauben, es bleibt Ihnen nichts anderes übrig, als sich operieren zu lassen. Was nun? Auf dem Blog BUNIONSURVIVOR.COM *bietet die Gründerin Mary Marcdante eine Reihe von Vorschlägen an (es gibt übrigens auch deutschsprachige Foren, die weiterhelfen können, z.B.* WWW.HALLUX-FORUM.DE*):*

- *Recherchieren Sie im Internet die unterschiedlichen Arten chirurgischer Eingriffe, so dass Sie im Gespräch mit dem Chirurgen oder der Chirurgin verstehen, was gemeint ist.*
- *Fragen Sie mindestens fünf Leute, die sich der Operation bereits unterzogen haben, welche ÄrztInnen sie empfehlen oder nicht empfehlen würden.*
- *Holen Sie mindestens drei Meinungen von FußspezialistInnen und orthopädischen Fußchirurgen ein.*
- *Stellen Sie viele Fragen darüber, was Sie zu erwarten haben und was der Plan B ist, wenn die OP schief läuft.*
- *Fragen Sie den/die ChirurgIn, wie oft er/sie schon nachoperieren musste, um Folgen der ersten Operation zu korrigieren.*
- *Hören Sie auf Ihre Intuition. Wenn Sie sich im Gespräch mit einem Chirurgen/einer Chirurgin nicht wohl fühlen, suchen Sie sich jemand anderes.*

Kapitel 5: Das Sexleben der Frauenschuhe

Manchmal ist ein Schuh nicht einfach nur ein Schuh. Manchmal wird er auch zum Symbol für etwas ganz Anderes.

In der hebräischen Bibel zum Beispiel wird des Öfteren davon berichtet, wie jemand seine Schuhe auszieht, und diese Handlung verweist meist auf das Entstehen einer tieferen Vertrautheit – zwischen einem Menschen und Gott oder auch zwischen zwei Menschen. Die wohl berühmteste Stelle, in der jemand seine Schuhe auszieht, ist der Moment, da Moses sich am brennenden Dornbusch der Erscheinung Gottes nähert. Gott verlangt von Moses, dass er seine Schuhe von seinen Füßen streife, da der Ort, auf dem er steht, heiliger Boden sei.[39] In der rauen Wüste ist Moses ohne den Schutz seiner Schuhe verletzlich und in einem spirituellen Sinne nackt vor Gott.

Im Deuteronomium wird ein Ritual beschrieben, das durchzuführen ist, wenn ein Mann sich weigert, die Witwe seines verstorbenen Bruders zur Frau zu nehmen (gemäß dem Gesetz der Schwagerehe wäre dies eigentlich seine Pflicht gewesen): Die Witwe zieht ihrem Schwager den Schuh vom Fuß, spuckt ihm ins Gesicht und denunziert ihn öffentlich.[40] Dieses Ritual des »Entschuhens« wurde später auch als eine Form von »symbolischer Entmannung« interpretiert.[41]

Die großen Rabbiner, die in der Zeit 200 bis 600 n. Chr. in Babylon lebten, verwandten das Wort »Schuh« in ihren

Bibelkommentaren als Euphemismus für die Vagina beziehungsweise für den Penis, je nach Kontext.[42]

Das bedeutet nicht, dass Schuhe ausschließlich und grundsätzlich für Intimität oder Sexualität stehen. In den biblischen Texten, in Legenden, Sagen und Überlieferungen wurden Schuhe zum Beispiel auch im Zusammenhang mit der Formalisierung von legalen Transaktionen, als Zeichen für den Geist der Person, die sie trug oder als ein Zeichen für Dominanz verwendet. Es gibt allerdings in vielen Kulturen Sitten und Bräuche, in denen Schuhe eine sexuelle Bedeutung transportieren. So findet sich etwa in den unterschiedlichsten Epochen und Teilen der Welt der Brauch, dass den Brautleuten zur Hochzeit Schuhe geschenkt werden. Zum Teil wurden die Frischvermählten auch von Angehörigen ihrer Gemeinschaft mit einem Pantoffel geschlagen, wenn sie ihre Hochzeitsreise antraten, wobei dem Bräutigam Sätze zugerufen wurden, wie: »Mögest du so gut zu ihr passen wie mein Fuß in diesen alten Schuh.«[43] In der Tradition der Beduinen wiederum wurde umgekehrt eine Ehe geschieden, indem der Ehemann in etwa die Worte aussprach: »Sie ist mein Schuh, ich habe sie verstoßen.«[44] In einigen Teilen Chinas gibt es den Brauch, dass Frauen, die schwanger werden möchten, sich einen Schuh aus dem Tempel der Göttin entleihen, die die Macht besitzt, Kinder zu schenken. Wenn das Kind dann auf die Welt gekommen ist, bringt die Frau der Göttin ihren Schuh zurück.

Wird die Erotisierung des Schuhs auf die Spitze getrieben, kann er auch zu einem Fetischobjekt werden. Die meisten von uns assoziieren das Wort »Fetisch« unmittelbar mit sadomasochistischen oder ungewöhnlichen sexuellen Vorlieben. Der Begriff »Fetisch« bezeichnet ursprünglich jedoch lediglich einen leblosen Gegenstand, dem übernatürliche Kräfte zugeschrieben werden. Er spielte insbesondere im Zusammenhang mit der Abgrenzung zwischen der Gottesanbetung und der Anbetung von Götzenbildern eine Rolle: Da Gott allein allmächtig ist, gilt es Gott zu verehren – und nicht ein Abbild Gottes. (Hier könnte man nun argumentieren, dass die Anbetung Gottes ebenfalls fetischistisch wäre, was bedeuten würde, dass bei der Anbetung von Götzenbildern damit lediglich ein Fetisch durch einen anderen ersetzt würde). Im neunzehnten Jahrhundert erhielt der Fetischbegriff dann eine ganz neue Dimension, als Karl Marx selbigen im Zusammenhang mit seinem Konzept des »Warenfetischismus« abwandelte. Als Warenfetischismus bezeichnete er den »Aberglauben«, dass der Ware an sich, unabhängig von dem Wert der Arbeit der Menschen, die diese Ware hergestellt haben, ein eigener Wert innewohne. Im selben Jahrhundert sollte der Psychologe Alfred Binet den Fetischbegriff dann auch auf den Bereich der Sexualität ausdehnen. Im Jahre 1870 schließlich erforschte ein gewisser Leopold von Sacher-Masoch in seinem Roman VENUS IM PELZ die Welt der sexuellen Fetische und verschiedenen Spielarten von Dominanz und Unterwerfung etwas genauer, was dazu führte, dass der Psychiater Richard Freiherr von Krafft-Ebing sich später auch auf ihn bezog, als er den Begriff »Masochismus« prägte. (Wir verdanken demselben Freiherrn von Krafft-Ebing im Übrigen auch den seinerseits nach dem Marquis de Sade benannten Begriff »Sadismus«).

Es war jedoch der Psychoanalytiker Sigmund Freud, der den Begriff des sexuellen Fetischismus dann sehr viel enger eingegrenzt hat. Nach Freuds Auffassung entsteht ein Fetisch in dem Moment, in dem ein kleiner Junge (immer ein Junge, niemals ein Mädchen) sieht, dass seine Mutter keinen Penis hat. Für den kleinen Jungen ist dies aber eine ganz furchterregende Entdeckung, weil er nämlich glaubt, dass seine Mutter kastriert wurde – und wenn seine allmächtige Mutter kastriert werden konnte, so konnte ihm, der er ja nur ein hilfloser kleiner Junge ist, das Gleiche widerfahren. Der Junge fixiert sich daher unweigerlich auf den Fuß bzw. auf den Schuh seiner Mutter, da er das Letzte war, was seine Augen erblickten, bevor er an seiner Mutter hinaufschaute und der fürchterlichen Realität ihres Penismangels gewahr wurde. (Der eigentliche Fetisch muss deswegen nicht unbedingt ein Fuß oder ein Schuh sein, der Fuß oder der Schuh ist aber, so Freud, der typischste symbolische Ersatz). Der Junge vergisst zwar später dieses transformative Erlebnis, wird aber erotisches Verlangen für immer mit dem Fetischobjekt assoziieren, welches es ihm denn auch ermöglicht, angstfrei aufzuwachsen und heterosexuelle Beziehungen einzugehen. In der Vorstellung des Knaben, so Freud, »*[hat] das Weib [...] im Psychischen dennoch einen Penis, aber dieser Penis ist nicht mehr dasselbe, das er früher war. Etwas anderes ist an seine Stelle getreten, ist sozusagen zu seinem Ersatz ernannt worden und ist nun der Erbe des Interesses, das sich dem früheren zugewendet hatte. Dies Interesse erfährt aber noch eine außerordentliche Steigerung, weil der Abscheu vor der Kastration sich in der Schaffung dieses Ersatzes ein Denkmal gesetzt hat.... [Der Fetisch] bleibt das Zeichen des Triumphes über die Kastrationsdrohung und der Schutz gegen sie, er erspart es dem Fetischisten auch, ein Homosexueller zu werden, indem er dem Weib jenen Charakter verleiht, durch den es als Sexualobjekt erträglich wird.*«[45]

Das spezifische Szenario, das Freud hier beschreibt – von dem Knäblein, das sich in dem Moment auf das Bild des Fußes oder Schuhs seiner Mutter fixiert, als er am Kleid seiner Mutter hinaufschaut und ihre Vulva entdeckt – klingt absurd. Sollen wir etwa wirklich glauben, dass jeder Mann mit einem Fuß- oder Schuhfetisch (und davon gibt es wahrscheinlich mehr, als Sie annehmen) genau diesen Prozess des Entdeckens, Erschreckens und Verdrängens durchgemacht hat? Wir können jedoch vielleicht Freuds Konzept des sexuellen Fetisch übernehmen, wenn wir die von ihm beschriebene Fantasieszene nicht allzu wörtlich nehmen.

Der englische Psychoanalytiker John C. Flügel entwickelte Freuds Modell einen Schritt weiter. Er vertrat die Auffassung, dass der Schuh einer Frau im Grunde »ambisexuell« wäre, weil er SOWOHL für die weiblichen Genitalien ALS AUCH für den Penis stehen könne.[46] Flügels Theorie erscheint stimmig: Wenn der Fuß für den Penis steht, dann würde dementsprechend der Schuh die Vagina symbolisieren, da ja das Eindringen des Fußes in die Öffnung eines engen, feinen Schuhs, den Koitus versinnbildlicht. Andersherum kann man aber auch den Schuh als Phallussymbol betrachten, insbesondere, wenn er einen hohen Absatz hat, nach vorne hin spitz zuläuft oder mit Nieten und Lederstrapsen versehen ist, die an die Ästhetik von Bondage-Materialien erinnern.

Bloß – was ist dann mit FRAUEN mit einem Schuhfetisch? Manche Mädchen und Frauen entwickeln einen Penisneid: Sie glauben unbewusst, dass sie eigentlich einen Penis haben müssten, aber dass dieser ihnen fehlt. Auf einer unbewussten Ebene glauben sie, ihr Körper wäre verwundet oder beschädigt. Das führt dazu, dass Minderwertigkeitsgefühle entstehen, an deren Überwindung die

Betroffenen unter Umständen ein Leben lang zu arbeiten haben. Für diese Frauen kann das Tragen von phallischen Schuhen eine Möglichkeit darstellen, den vermeintlichen Mangel zu kompensieren. Soviel zu dieser Theorie. Verschiedene feministische Psychoanalytikerinnen wie Judith Butler und Teresa de Lauretis, die sich eher auf das Werk des französischen Psychoanalytikers Jacques Lacan beziehen, gehen hingegen davon aus, dass Frauen einen ganz anderen Prozess durchmachen. Und zwar formulieren sie die These, dass die Frau tatsächlich ein tiefes Verlustgefühl erfährt – jedoch nicht in Bezug auf den Phallus. Sie betrauert vielmehr den Verlust der Nähe zum Körper ihrer Mutter. Als Kind erlebt sie eine enge taktile Beziehung zu ihrer Mutter. Wenn sie dann aber älter wird und sich zunehmend von ihrer Mutter löst, nimmt auch die körperliche Nähe zur Mutter immer weiter ab. Das Tragen von Schuhen, die sie an ihre Mutter erinnern, kann ihr möglicherweise helfen, mit der Trauer über diese notwendige aber schmerzhafte Trennung umzugehen. Ähnliche Gefühle von Wehmut und Verlust im Zusammenhang mit der Trennung von der Mutter erleben zum Teil auch Männer.

Tatsächlich haben viele Schuhliebhaberinnen und Schuhliebhaber – auch wenn sie in ihren Schlafzimmern absolut konventionellen Sex praktizieren – eine mehr oder weniger fetischistische Beziehung zu Frauenschuhen. Wie kommt das? Erstens schreiben Frauen, wie wir im ersten Kapitel gesehen haben, ihren Schuhen eine Art magische Verwandlungskraft zu, die rational nicht zu begründen ist, und die mit der eigentlichen Schutzfunktion dieses Bekleidungsartikels wenig zu tun hat. Zweitens gelten Frauenschuhe, die nicht irgendwie erotisiert sind, gemeinhin als unzulänglich. Sie gelten als »hässlich« oder »praktisch«

– sprich: als maskulin. Eine Frau, die freiwillig asexuelle Schuhe trägt, kann demnach nicht ganz richtig ticken. Ein richtiger Frauenschuh muss Sexappeal versprühen.

Drittens zeigt uns die psychoanalytische Literatur, dass dem hochhackigen Frauenschuh eine wichtige Funktion in der Konstruktion von sexueller und Geschlechtsidentität zugemessen wird. Er bestätigt der Trägerin, dass sie zwar feminin ist, gleichzeitig aber auch im Besitz einer Art phallischen Macht, die sie sonst unterdrücken muss. Er kann sie aber auch an ihre verlorene Nähe zur Mutter erinnern. Bei manchen Männern hingegen kann der hochhackige Frauenschuh unbewusste Kastrationsängste lindern, und ihnen das beruhigende Gefühl geben, dass Frauen, und seien sie auch noch so mächtig, durch ihr restriktives Schuhwerk letztendlich doch immer gefesselt bleiben werden. Havelock Ellis schrieb in seiner in den 1930er Jahren veröffentlichten psychologischen Studie zur Sexualität, dass viele Leute das Bild einer Frau erotisch finden, die von den Schuhen, die sie trägt, explizit oder implizit in ihrer Bewegungsfreiheit eingeschränkt wird – sei es durch den Verweis auf symbolische Fußfesseln (etwa in Form von Lederrriemchen am Fesselgelenk) oder durch den Verweis auf ihre Bewegungsunfähigkeit (hohe Absätze).« [47]

Den oben ausgeführten Theorien zufolge haben hochhackige Schuhe für Frauen wie für Männer insofern Fetischcharakter, als sie sexuelle Ängste lindern und Genderidentitäten behaupten.

Damit bestärkt das Tragen von hochhackigen Schuhen stereotype Vorstellungen davon, was es heißt, weiblich oder männlich zu sein, hetero oder queer, abhängig oder mächtig.

Deswegen ist es auch so schwierig, mit Frauen einen rationalen Dialog über Schuhe zu führen. Viele Frauen weigern sich, ihre High Heels, die ihre Füße verkrüppeln, gegen fußfreundliche bequeme Schuhe einzutauschen, weil sie davon überzeugt sind, dass ihre Absätze magische Kräfte besitzen. Sie fetischisieren ihre Schuhe. Es liegt andererseits aber auch nicht im Interesse der Männer, Frauen davon zu überzeugen, diesen Schritt zu tun, weil Männer ja nicht zuletzt auf der psychischen Ebene davon profitieren, wenn Frauen zehenzermalmendes Schuhwerk tragen.

Der Autor Ernest Becker schlägt in seinem Buch THE DENIAL OF DEATH eine weitere Interpretationsmöglichkeit vor. Seiner Meinung nach geht von Fetischobjekten ein Mechanismus aus, der uns hilft, eine universelle Angst zu überwinden – die Angst zu sterben. Insbesondere der Fuß erinnert uns beharrlich und ständig an unsere eigene Sterblichkeit. Der Fuß ist das Körperteil, das dem Boden am Nächsten ist, jenem Boden, in dem wir enden werden, nachdem wir gestorben sind. Außerdem ist er schmutzig und wird verachtet, was ein weiterer Hinweis auf den Verfall des Fleisches ist. Der Frauenschuh aber bildet mit seiner Eleganz, Geschmeidigkeit und Architektonik einen heilsamen Kontrast zum Fuß, und ist daher aufs Vortrefflichste geeignet, uns mit der erschreckenden Wahrheit unserer eigenen Sterblichkeit zu versöhnen. Der Schuh, so Becker, ist das »Ding, das dem Körper am nächsten ist, und ist doch nicht der Körper, und er wird mit dem assoziiert, was für die meisten Fetischisten das Allerhässlichste ist – der ungeliebte Fuß mit seinen schwieligen Zehen und den vergilbten Fußnägeln. Der Fuß ist das absolute und nicht zu leugnende Zeugnis unserer degradierten Animalität, der Unvereinbarkeit zwischen unserem stolzen, reichen, lebendigen, unendlich transzendentalen, freien inneren Geist und unserem irdischen Körper.... Freud dachte, der

Schuh würde fetischisiert, weil er das Letzte war, was der Knabe sah, bevor er zu den gefürchteten Genitalien hinaufschaute, ihm also Zuflucht bieten könne und die Möglichkeit zu verdrängen. Aber der Fuß selbst birgt seinen eigenen Schrecken; mehr noch, er geht einher mit seiner eigenen unübersehbaren, transzendente Leugnung und seinem eigenen Widerspruch - dem Schuh... Der Schuh hat Riemen, Schnallen, unendlich weiches Leder, einen aufs Eleganteste gewölbten Bogen, und einen unschlagbar harten, glatten, glänzenden Absatz. Ich wage zu behaupten, dass es in der ganzen Natur nichts gibt, was mit einem spitzen hohen Absatz vergleichbar wäre. Kurzum: hier haben wir die Quintessenz aus kulturellem Erfindungsgeist und seinem Kontrast; dieser Schuh ist so eindeutig verschieden vom Körper, dass er uns in einen sicheren Abstand zu diesem bringt, obgleich er eng mit ihm verbunden bleibt.«48

Beckers Theorie ist in der heutigen Zeit besonders nachvollziehbar. In den USA sind die Absätze derzeit höher denn je zuvor, und das in einer Zeit, in der der Terrorismus für uns alle eine sehr reale Bedrohung darstellt. Möglicherweise ist das kein Zufall. Die Modedesigner bieten Fantasieschuhe an und Frauen tragen sie, um damit ihre Ängste zu bekämpfen. In Anbetracht der aktuellen politischen Gesamtsituation wäre es allerdings, rational betrachtet, wesentlich sinnvoller, sich ein Paar praktische Schuhe zuzulegen, in denen wir uns auch bewegen können. Die Vernunft allerdings spielt eine untergeordnete Rolle, wenn Frauen Schuhe kaufen.

Offenbar können Frauenschuhe unsere Ängste - in Bezug auf Sexualität oder Sterblichkeit - nur dann effektiv in Schach halten, wenn sie dieses gewisse Etwas haben, das wir mit modischen Absatzschuhen assoziieren.

»Vernünftige« oder geschlechtslose Frauenschuhe erfüllen keine Angst-Reduzierungs-Funktion. Sie können uns weder trösten, noch sind sie dazu in der Lage, die traditionellen Geschlechtsidentitäten zu bestätigen. Nein, »vernünftige« Schuhe (die vorne so weit sind, dass man darin die Zehen bewegen kann, und so stabil, dass man damit schnell laufen oder sogar rennen kann) bewirken genau das Gegenteil: sie untergraben die traditionellen Kategorisierungen von »männlich« und »weiblich«. In Brasilien zum Beispiel werden Lesben als SAPATÃO bezeichnet – als »großer Schuh«. Da nun aber viele heterosexuellen Frauen nicht für eine Lesbe gehalten werden möchten, weigern sie sich manchmal allein aus diesem Grund, große oder praktische Schuhe anzuziehen. Das Gleiche gilt im Übrigen auch für manche Lesben, die besonderen Wert auf ihren typisch femininen Look legen – auch sie würden natürlich selbst keine »großen Schuhe« tragen.

Der Fußspezialist und Historiker aus Massachusetts, William A. Rossi, beschäftigte sich in seinem Buch THE SEX LIFE OF THE FOOT AND SHOE mit der Erforschung sämtlicher erdenklichen – und unerdenklichen – sexuellen Konnotationen, die Frauenschuhen im Laufe der Geschichte zugeschrieben wurden. Rossi starb bereits 2003, sein Buch aber lebt als die »Bibel« des männlichen Schuhfetischismus weiter.[49] Er selbst ließ keinen Zweifel daran, dass er zwar eine Schwäche für Frauenschuhe besaß, von der Frau als menschlichem Wesen allerdings keine hohe Meinung hatte. Er behauptete zum Beispiel, bei Frauen, die »sexlose« Schuhe tragen, würde es sich überwiegend um Frauen handeln, »die kein Sexualleben (mehr) haben: Alte und Kranke, Angehörige von bestimmten religiösen Strömungen, Mitglieder von Organisationen wie der

Heilsarmee, der Mennoniten oder der Amischen usw., oder aber Frauen mit schweren Fußkrankheiten. Dann gibt es da noch die Frauen mit psychosexuellen Hemmungen oder neurotischen Problemen, die ihre geschlechtslosen Schuhe als Keuschheitsgürtel tragen. Oder auch die burschikosen Lesben, die sich absichtlich besonders maskulin geben.«[50]

Eleanor Roosevelt, so Rossi weiter, wäre ein ganz besonderes Exemplar dieser Spezies: sie sei davon überzeugt, dass es »aus Gründen der Bequemlichkeit« sinnvoll wäre, »vernünftige Schuhe zu tragen.« Bei einem Treffen mit Roosevelts Schuhmacher ließ er sich ein für Eleanor Roosevelt maßgeschneidertes Paar Schuhe zeigen. Rossi warf nur einen kurzen Blick auf diese »langweiligen, flachen Oxfords (klassische Halbschuhe)«, und kommentierte mit einem gequälten Lächeln: ›Da weiß man ja noch nicht mal, ob die für Franklin oder für Eleanor sind.‹[51] Er war der Meinung, jede Frau, die sich dafür entscheidet, nicht sexualisierte Kleidung zu tragen – und das gelte auch (oder gerade) für Frauen in wichtigen Führungsposition – wäre verklemmt und nicht normal.

Rossi, wie Sie sich inzwischen wahrscheinlich bereits denken können, wollte, dass alle Frauen in hochhackigen Schuhen herumlaufen. Er war der Meinung, Frauenschuhe sollten »hauteng« anliegen und sich im Zehenbereich verjüngen oder spitz zulaufen, da die spitze Zehenkappe ein »unbestrittenes Phallussymbol« ist. Er stand auf »halbnackte« Frauenfüße und pries daher die Pantolette (Schlüpfschuhe mit offener Ferse) mit einem »halboffenen und halbgeschlossenen Look« welche den Fuß »halb bekleidet und halb unbekleidet lässt«, und deren Design damit demselben Prinzip folgt wie eine »blickdurchlässige Bluse oder ein halbdurchsichtiges Kleid.« Aus dem gleichen Grund hatte er auch eine besondere Vorliebe für »an den Seiten tief ausgeschnittene d'Orsay-Pumps« und für Schuhe »mit einem tiefen Zehenausschnitt, die einen Teil der Zehen unbedeckt lassen«. Das wichtigste Element aber war für ihn der hohe Absatz. »Je höher, je schmaler und profilierter der Absatz, um so sexier«, schrieb er. »Sie machen den Fuß kleiner, Fußrücken und Spann gebogener, das Bein länger und formschöner, und Hüfte und Hintern wackeliger. Solche Absätze erotisieren die Figur und den Gang.«[52] Rossi wies ferner darauf hin, dass schon der Sexualforscher Alfred Kinsey bemerkt hätte, dass der Anblick des hochgebogenen High Heels daran erinnern würde, dass Frauen ihre Füße wölben, wenn sie sexuell erregt sind.«[53]

Interessant ist in diesem Zusammenhang auch, dass Rossi in seiner Aufzählung der erwünschten Nebenwirkungen des hochhackigen Schuhs als Allererstes die Tatsache erwähnt, dass der Fuß darin kleiner wirkt: Frauen nehmen die Qualen, die modische Schuhe ihnen zufügen, nicht nur auf sich, weil sie diese Schuhe fetischisieren, sondern auch, weil sie sich davon versprechen, dass sie damit die Augen des Betrachters täuschen und ihre Füße möglichst winzig aussehen lassen können. Denn ein winziger Schuh, der vermutlich einen klitzekleinen Fuß umhüllt, erhöht den sexuellen Fetisch.

Die Faszination, die von winzig kleinen Frauenfüßen ausgeht, besteht schon seit langer Zeit. Sie bildet das Kernstück von »Cinderella (Aschenputtel)«, dem wohl weltweit bekanntesten überlieferten Märchen. Es gibt unzählige Varianten von dieser Geschichte, die älteste überlieferte Version stammt aus dem China des neunten Jahrhunderts. Die verschiedenen Versionen der Geschichte unterscheiden sich im Detail, eines aber ist ihnen allen gemein: der Schuhtest. In der von Jacob und Wilhelm Grimm 1812 aufgeschriebenen Fassung heißt die Hauptfigur »Aschenputtel«, und der winzige, zierliche Schuh, den sie verliert, als sie vor dem Prinzen und dem Ball flieht, ist aus reinem Gold. Als der Prinz am nächsten Morgen zu ihrem Haus kommt, sagt er zu ihrem Vater: »Keine andere soll meine Gemahlin werden als die, an deren Fuß dieser goldene Schuh passt.«

Ihre beiden Stiefschwestern sind außer sich vor Freude, weil sie glauben, der Schuh wird ihnen wohl passen. Die Älteste geht mit dem Schuh in ihre Kammer, probiert ihn an, kann aber nicht hineinkommen, denn der Schuh ist ihr zu klein. Da gibt ihr die Mutter – Aschenputtels Stiefmutter – ein Messer und spricht: »Hau die große Zehe ab. Wenn du Königin bist, musst du nicht mehr zu Fuß gehen.« Die Stiefschwester tut wie ihr geheißen, schneidet sich den großen Zeh ab, zwängt den Fuß in den Schuh und geht Qualen leidend, aber mit gespieltem Lächeln zum Königssohn. Der glaubt, seine rechtmäßige Braut gefunden zu haben, und nimmt sie mit auf sein Pferd. Auf dem Weg zurück zum Schloss kommen sie aber am Grab von Aschenputtels Mutter vorbei. Dort sitzen auf einem Haselbaum zwei weiße

Täubchen, die seit dem Tod der Mutter auf Aschenputtel achtgeben, und rufen laut:

»Rucke di guh, rucke di guh,
Blut ist im Schuh.
Der Schuh ist zu klein,
Die rechte Braut sitzt noch daheim.«

Da blickt der Königssohn auf den Fuß der Stiefschwester und sieht, wie Blut aus dem Schuh quillt. Er wendet auf der Stelle sein Pferd und bringt die offensichtlich falsche Braut wieder nach Hause zurück. Dann probiert die zweite Schwester den goldenen Schuh an. Sie geht in ihre Kammer und kommt mit den Zehen auch in den Schuh hinein, aber ihre Ferse passt nicht. Die Mutter gibt ihr ein Messer und spricht: »Hau ein Stück von deiner Ferse ab. Wenn du Königin bist, musst du nicht mehr zu Fuß gehen.« Das Mädchen schneidet ein Stück von ihrer Ferse ab, zwängt den Fuß in den Schuh und geht unter großen Schmerzen mit frostigem Lächeln zum Königssohn. Der glaubt, sie sei die rechtmäßige Braut und nimmt sie mit auf sein Pferd. Als sie an dem Haselbaum vorbeikommen, rufen die zwei Täubchen wieder:

»Rucke di guh, rucke di guh,
Blut ist im Schuh.
Der Schuh ist zu klein,
Die rechte Braut sitzt noch daheim.«

Der Königssohn schaut herab auf ihren Fuß, und sieht, wie Blut aus dem Schuh quillt, und ihre weißen Söckchen rot färbt. Der Prinz bringt auch diese Schwester zurück nach Hause und fragt Vater und Stiefmutter, ob es in ihrem Hause nicht noch eine Tochter gäbe. Diese geben zu, dass da noch Aschenputtel wäre, allerdings, sagen sie, könne diese unmöglich die Braut sein (denn sie wissen nicht, dass

Aschenputtel auf dem Ball war, auf dem der Schuh verloren wurde, außerdem besitzt sie ja weder feine Gewänder noch Schuhe). Der Königssohn aber verlangt, sie mit eigenen Augen zu sehen. Aschenputtel wäscht sich das Gesicht und die Hände und zeigt sich so dem Prinzen. Der reicht ihr den goldenen Schuh und dieser passt wie angegossen. Er schaut ihr ins Gesicht, erkennt sie als das Mädchen, mit dem er getanzt hat und spricht: »Das ist die rechte Braut!«. Er setzt Aschenputtel auf sein Pferd, und reitet mit ihr davon. Als sie an dem Haselbaum vorbeikommen, rufen die Täubchen:

»Rucke di guh, rucke di guh,
Kein Blut ist im Schuh.
Der Schuh ist nicht zu klein,
Die rechte Braut, die wird es sein.«[54]

In der klinisch bereinigten, blutlosen Version dieses Märchens, die der französische Autor Charles Perrault im Jahr 1696 aufgeschrieben hat, und die inzwischen wohl als die weltweit populärste Variante gelten darf, ist Aschenputtels Schuh nicht aus Gold, sondern aus Glas. Es wurde viel darüber diskutiert, warum dem so ist. Einige Märchenforscher waren der Meinung, Perrault habe sich verschrieben, als er aus Versehen VERRE (Glas) statt VAIR (Pelz) aufschrieb. In Wirklichkeit wären die Pantoffeln in der klassischen französischen Version demnach aus Pelz gewesen. Allerdings gibt es auch außerhalb Frankreichs noch diverse andere Versionen des Märchens, in denen die Schuhe ebenfalls aus Glas sind.[55]

Unserer Ansicht nach wäre das Bild der gläsernen Schuhe jedenfalls äußerst passend: Glas ist nämlich ein ziemlich verbreitetes Symbol für Jungfräulichkeit, denn es ist fragil und kann nur ein Mal zerbrochen werden. Insofern würde es Sinn ergeben, wenn die zarten kleinen Füße der jungfräulichen Aschenputtel in gläsernen Pantoffeln steckten, da dies den sexuellen Fetisch, der dem Märchen anhaftet, noch betonen würde: So wie die gläsernen Schuhe der jungfräulichen Aschenputtel perfekt passen, so passt auch die jungfräuliche Braut Aschenputtel sexuell perfekt zu ihrem Prinzen.

Wie Sie sicher wissen, erfanden chinesische Frauen vor langer Zeit ein Ritual, das darin bestand, die Füße einer Frau absichtlich so zu umzuformen, dass sie eine möglichst kleine Gestalt annehmen. Das heißt, sie kreierten künstlich winzige Füße, um dem Schönheitsideal vom kleinen Frauenfuß gerecht zu werden. Ihre Vorgehensweise unterschied sich hierbei gar nicht so sehr von den verzweifelten Selbstverstümmelungstechniken der beiden Stiefschwestern von Aschenputtel. Die chinesischen Varianten dieser Fußverkleinerungsmethoden werden unter dem Begriff »Füßebinden« zusammengefasst. Im Westen wird das chinesische Ritual des Fußabbindens in der Regel als grausam und frauenfeindlich verurteilt, und gilt darüber hinaus als Beleg für einen äußerst perversen sexuellen Fetisch. Freud schrieb 1927: *»Eine andere Variante, aber auch eine völkerpsychologische Parallele zum Fetischismus möchte man in der Sitte der Chinesen erblicken, den weiblichen Fuß zuerst zu verstümmeln und den verstümmelten Fuß dann wie einen Fetisch zu verehren. Man könnte meinen, der chinesische Mann will es dem Weibe danken, dass es sich der Kastration unterworfen hat.«*[56]

Die im Westen übliche Darstellung der Geschichte des chinesischen Füßebindens folgt in etwa dem folgenden

Schema: Das Füßebinden wurde vom zehnten bis ins zwanzigste Jahrhundert hinein praktiziert. Es beinhaltete eine schmerzhafte und langwierige Prozedur, mit der bei Mädchen im Alter zwischen fünf und sieben Jahren begonnen wurde. Ihre vier kleinen Zehen wurden unter den Fußballen gebogen, so dass nur noch der große Zeh nach vorne zeigte. Die Knochen der vier kleinen Zehen wurden gebrochen. Vorderfuß und Ferse wurden gegeneinander verschoben und der ganze Fuß wurde mit Tüchern eng zusammengebunden. Über mehrere Jahre hinweg wurden enge Bandagen um die Füße gewickelt, so dass sich Ferse und Fußballen eng zusammenzogen. Täglich wurden neue und engere Bandagen angelegt. Der Fußrücken wurde zertrümmert. Bereits im Jugendalter waren die Füße des Mädchens vollständig und unwiderruflich verkrüppelt. Die Fußlänge betrug jetzt nur noch ein paar Zoll (idealerweise nicht mehr als 8 Zentimeter von der Ferse bis zum Zeh). Trotzdem banden die (jungen) Frauen ihre Füße auch weiterhin eng ein, um diese Form und Größe ihr Leben lang beizubehalten. Chinesische Frauen fertigten aufwändig bestickte bunte Seidenpantöffelchen an, in welche die unter den engen Bandagen verborgenen Füßchen versteckt wurden; die geheimnisvolle Faszination kleiner Füße war damit perfekt.

Der Fuß selbst, so die Legende, sollte aussehen wie ein »goldener Lotus«, und wurde als erotisches und weibliches Schönheitsideal gepriesen. Chinesische Männer verehrten den »Lotusfuß«, weil der große Zeh den Phallus und die Spalte in der Fußsohle die Vagina versinnbildliche, und weil sich Frauen mit abgebundenen Füßen (zwangsläufig) in winzigen Trippelschrittchen vorwärtsbewegen. Dieser Gang gelte als verführerisch.

Es heißt, die Mädchen unterwarfen sich dieser qualvollen und verkrüppelnden Prozedur, weil sie sich dadurch als ideale Ehefrauen auszeichnen konnten. Sie befürchteten nämlich, dass sie niemals würden heiraten können, wenn sie sich ihre Füße nicht einbinden ließen. Viele Mädchen erkrankten an schmerzhaften Infektionen, an denen sie entweder starben oder ein Leben lang zu leiden hatten. Im Alter kam die erhöhte Sturzgefahr hinzu. Viele ältere Frauen brachen sich die Hüfte und andere Knochen, weil sie auf ihren verkrüppelten Füßen nicht laufen konnten.

Das Füßebinden wurde 1912 gesetzlich verboten, aber auch danach noch über mehrere Jahrzehnte weiter praktiziert. Schätzungen zufolge wurden zwischen 50 Millionen und 4,5 Milliarden Frauen auf diese Weise die Füße abgebunden.[57]

Im Laufe des letzten Jahrzehnts wurde dieser Bericht allerdings durch eine Reihe hervorragender Forschungsarbeiten etwas differenziert. Zwar sind die groben Fakten nicht ganz falsch, und weder der repressive Charakter dieses Brauchs noch die damit verbundene sexuelle Bedeutung sind zu leugnen. Die westliche Darstellung erzählt allerdings nicht die ganze Geschichte. So kritisiert Dorothy Ko, Professorin für Geschichte am Barnard College, insbesondere, dass hier ein äußerst heterogenes und vielschichtiges Geschehen, ein Brauch, der über ein ganzes Jahrtausend hinweg in verschiedenen Provinzen in unterschiedlicher Form praktiziert und weiterentwickelt wurde, auf seinen kleinsten gemeinsamen Nenner reduziert wird – und zwar dahingehend, dass bereits bestehende rassistische Vorurteile über die »unterwürfige und erotisierte« asiatische Frau erneut bestärkt werden. Sie schreibt: »Das Füßebinden war keine einheitliche Praktik – sowohl die Techniken und Verfahren als auch die Bedeutung des Füßebindens veränderten sich im Laufe der Zeit und waren von Ort zu Ort unterschiedlich. Wenn es auch nicht nur einen Grund dafür gab, sondern viele, so stellte es doch vom dreizehnten bis ins neunzehnte Jahrhundert die wichtigste Erfahrung im Leben einer Frau dar.«[58]

Freud hatte das Füßebinden aus der Perspektive der männlichen Kastrationsangst betrachtet. Ko hingegen setzt sich mit der Tradition des Füßebindens aus der Perspektive der Mütter auseinander, die es durchführten bzw. durchsetzten und der Töchter, die es erduldeten. Im Zusammenhang mit dem eigentlichen Füßebinden entwickelte sich ferner ein komplexes System von Ritualen rund um die kunsthandwerkliche Schuhproduktion. Die Frauen übertrafen sich gegenseitig in der Anfertigung von kunstvoll verzierten Schlüpfschuhen, um ihr Geschick und ihr künstlerisches Talent zu beweisen. So konnten Frauen in Bezug auf den Brauch des Füßebindens eine soziale Identität und Anerkennung erwerben, die sich über Werte wie Bescheidenheit, Häuslichkeit, textilhandwerkliches Geschick und die Fähigkeit, die Qualen der Geburt zu ertragen, definierte. Das Füßebinden war insofern verbunden mit der »bittersüßen Erkenntnis, dass sie als Frauen nur über ihren Körper zu Macht und Einfluss kommen konnten. ... Und diese Erkenntnis würde schon bald nur allzu deutlich auch in den Körper ihrer Tochter eingemeißelt werden. ...Eine Frau konnte ausschließlich über ihren Körper Zugang zu einer besseren Zukunft erlangen. Textilarbeit und Fortpflanzungsarbeit – wenn sie sich Wertschätzung, Ansehen und Einfluss verschaffen wollte, konnte sie das nur kraft ihres Körpers.«[59]

Es gibt kaum historische Belege dafür, wie das

Füßebinden tatsächlich entstand. Ko führt jedoch an, dass es ursprünglich im zehnten Jahrhundert von professionellen Tänzerinnen entwickelt und anschließend von Frauen aus der gesellschaftlichen Elite – den Han-Chinesen (der ethnischen Mehrheit) der Oberschicht – übernommen wurde. Die Frauen taten dies nicht in der Absicht, sich zu verkrüppeln, sondern um besonders anmutig zu wirken. Allerdings veränderte sich die Bedeutung dieser Praktik mit ihrer zunehmenden Verbreitung. Gegen Ende des siebzehnten Jahrhunderts wurde sie zum Teil sogar von Frauen in ländlichen Gegenden übernommen.

In der westlichen Welt wird das Füßebinden von Frauen wie von Männern in der Regel als barbarischer Brauch verurteilt. Den Frauen, die ihn praktizierten, wird unterstellt, dass sie Opfer, dumm oder von Selbsthass erfüllt gewesen sein müssen.

Ich möchte daher an dieser Stelle gerne auf einige wenige der zahlreichen unschwer erkennbaren Parallelen zwischen dem chinesischen Brauch des Füßebindens und dem Tragen von hochhackigen Schuhen, wie es von westlichen Frauen praktiziert wird, hinweisen:

- In beiden Fällen wird der Fuß dauerhaft verunstaltet.
- In beiden Fällen wird der Fuß ambisexualisiert. Der abgebundene Fuß vereint in sich den symbolischen Phallus (indem nur der große Zeh nach vorn hinausragt) und die Vagina (in Gestalt der tiefen Spalte, die sich in der Fußsohle bildet). In High Heels wirkt der Fuß ebenfalls phallisch (lange Spitze und hoher Absatz) und verweist gleichzeitig auf die weiblichen Genitalien (schmale, enge Passform und Öffnung).
- In beiden Fällen wird ein sexueller Fetisch geschaffen.

- In beiden Fällen bedeutet die Praktik für die betroffene Frau eine Bekräftigung ihrer Weiblichkeit und für die Männer, die diese Praktik schätzen und gutheißen, eine Bestätigung ihrer Männlichkeit. In beiden Fällen wird damit auch Heterosexualität als Norm bestätigt.
- In beiden Fällen wird die Beweglichkeit der Frau eingeschränkt, und in beiden Fällen gilt dieser Zustand der eingeschränkten Bewegungsfreiheit als sexuell attraktiv.
- In beiden Fällen gilt das Prinzip, dass der Wert einer Frau auf ihrem Körper geschrieben steht.
- In beiden Fällen gilt eine Frau, die sich weigert, sich an dieser Praktik zu beteiligen, als minderwertig oder unnormal.
- In beiden Fällen beweist die Frau durch ihre Teilnahme an dem Brauch, dass sie in der Lage ist, Schmerzen zu ertragen und ihren Körper einer gewissen Selbstdisziplin und Selbstkontrolle zu unterwerfen, und demonstriert damit eine pervertierte Form von Stärke.
- In beiden Fällen dient der Schuh als Mittel zur Täuschung. Ko betont, dass die Lotusschuhe selbst zwar winzig klein waren, die abgebundenen Füße, die darin steckten, in der Regel jedoch deutlich größer und nur in den seltensten Fällen tatsächlich auch 8 Zentimeter lang waren. Je nach Stil und Form passte oft die Ferse des Fußes gar nicht in den Schuh und musste daher draußen bleiben. Der Großteil des Fußes wurde durch lange Hosenbeine oder Leggins verdeckt, so dass nur die Zehenspitze herauslugte.[60] Frauen, die High Heels tragen, geben sich ebenfalls Mühe, ihre Füße so klein wie möglich erscheinen zu lassen: je

höher der Absatz, umso kleiner wirkt der Fuß darin, da das Auge durch die hohe Wölbung getäuscht wird. Außerdem zwängen auch westliche Frauen gern ihre großen Füße in viel zu kleine Schuhe und/oder tragen lange Hosen, unter denen sie ihre Schuhe weitgehend verschwinden lassen können.

- In beiden Fällen lenken schöne Schuhe von der schrecklichen Wahrheit ab, dass die Füße entstellt sind. So schrieb Susie Lan Cassel von der Califormia State University – San Marcos, dass der eigentliche Sinn und Zweck der betriebsamen Herstellung von kunstvoll bestickten seidenen Lotusschühchen letztlich darin bestand, die ganze Aufmerksamkeit auf die vermeintlich verführerisch kleine Größe der Füße zu lenken – und damit über die Fäulnis des Fleisches hinwegzutäuschen. ... Hinter den Bandagen verbarg sich ein schreckliches Geheimnis, das auf keinen Fall enthüllt werden durfte: der verfaulende Fuß.«[61] Eine Frau, deren Mutter noch eingebundene Füße hatte, erzählte der Radioreporterin Louisa Lim, dass »die Bandagen, die die Frauen benutzten, um ihre Füße abzubinden, ungefähr drei Meter lang waren. Es war für sie also relativ umständlich, sich die Füße zu waschen. Deswegen taten viele Frauen das auch nur alle zwei Wochen. Mit anderen Worten, das Ganze war eine ziemlich übel riechende Angelegenheit.«[62] Auch vielen Frauen, die sich die Füße durch das regelmäßige Tragen von High Heels Schritt für Schritt kaputt machen, wird es im Laufe der Jahre oft immer peinlicher, ihre nackten Füße zu zeigen. Und um sie nicht sehen zu müssen, verstecken sie sie dann lieber in schönen Schuhen, die sie dann erst richtig verunstalten.

Letztlich spielt es keine Rolle, ob sie mit der psychoanalytischen Theorie vom Fetischcharakter des hochhackigen Schuhs irgendetwas anfangen können.

Ganz konkret aber geht es hier um etwas, das sehr wohl eine Rolle spielt. Es geht darum, dass Frauen ihren Körper absichtlich in eine unnatürliche Form zwingen, um sich sexuell aufzuwerten. Wenn andere Frauen – zu anderen Zeiten und in anderen Ländern – das tun, verurteilen wir solche Praktiken aufs Schärfste. Es ist an der Zeit, dass wir uns einmal selbst im Spiegel betrachten.

6. Kapitel:
Die Geschichte der High Heels

Wir leben heute in einer sexgesättigten Gesellschaft, in der viele Frauen ihre Sexualität sehr offen zur Schau stellen. Weiblicher sexueller Exhibitionismus ist allgegenwärtig: von den GIRLS GONE WILD-Videos über die POLE DANCING-Kurse bis hin zu den neuesten Ganzkörperenthaarungstechniken. Mädchen werden heute schon im Kindesalter auf ihr sexuelles Potential aufmerksam gemacht: sie feiern Make Up-Partys in Schönheitsfarmen und tragen String-Tangas. Niemand hebt auch nur eine Augenbraue, wenn erwachsene Frauen enganliegende Leibchen tragen, die sie mehr entblößen denn bedecken, sämtliche Körperrundungen offen zur Schau stellen, und wenn irgend möglich auch noch die Träger ihrer Büstenhalter freilegen. Längst wurden mit Korsett, Leder und Latex auch Bekleidungselemente mit Fetischcharakter in die Alltagsmode der Frau von heute integriert und schockieren nun wohl auch bald niemanden mehr.

Wie aber entstand diese neue exhibitionistische Sexualmoral? Die Gründe hierfür sind äußerst vielschichtig. Viele Mädchen und Frauen verwechseln die Fähigkeit, die Aufmerksamkeit von Männern auf sich zu ziehen, mit echter Macht. Sie glauben, die einzige wirkliche Macht, über die sie verfügen, wäre die Macht der weiblichen Sexualität. Um es mit den Worten der Autorin Erica Jong zu sagen: »Die so genannte sexuellen Freiheit sagt auch viel darüber aus, wie weit wir es NICHT gebracht haben.«[63] Wir leben in einer Kultur mit einer tief verankerten sexuellen Doppelmoral, in der Mädchen und junge Frauen permanent Gefahr laufen, als »Schlampen« beschimpft zu werden – und zwar absolut unabhängig von ihrem spezifischen Sexualverhalten. Dies legt im Umkehrschluss natürlich den Gedanke nahe, dass du dich dann ja eigentlich auch gleich ausziehen kannst – du hast ja sowieso nichts mehr zu verlieren. Eine wirklich umfassende Sexualerziehung, Aufklärung und Information fehlt weitgehend. Nach wie vor erfahren junge Menschen beider Geschlechter sehr wenig darüber, wie gesunde Sexualität aussehen könnte. Hinzu kommt, dass queere Sexualität in der Öffentlichkeit zwar zunehmend präsent ist, paradoxerweise aber immer noch stigmatisiert bleibt. Dies hat wiederum zur Folge, dass viele heterosexuelle Menschen zunehmend ängstlich darauf bedacht sind, zu beteuern, dass sie nicht vom rechten Kurs abgekommen sind.

»Es gab Zeiten, da sagten die Leute: ›Du bist hübsch‹ oder ›Du siehst schön aus‹«, erzählt Elizabeth Semmelhack, Direktorin des Bata Schuhmuseum in Toronto. »Heute heißt es: ›Du siehst scharf aus‹ oder ›sexy‹«. Wenn aber »Attraktivität« gleichgesetzt wird mit »sexy Aussehen«, dann werden logischerweise auch Schuhe, die als besonders sexy gelten, als besonders schmeichelhaft wahrgenommen. Es gibt sicherlich Frauen, die sich selbst einreden, dass sie High Heels tragen, weil sie darin schlanker oder hübscher aussehen als in flacheren Schuhen – nur wird eben »schlank und hübsch aussehen« heute grundsätzlich auch immer mit Sexappeal assoziiert. Und ob sie sich dessen nun bewusst sind oder nicht – Frauen tragen hochhackige Schuhe, um sexy auszusehen.

Was wir an unseren Füßen tragen, sagt viel aus über

unsere Geschlechts-, soziale und kulturelle Identität und darüber, wie wir unsere Persönlichkeit verstanden wissen wollen. Hippies tragen Birkenstocksandalen, Punks tragen Springerstiefel, hippe Kids tragen die neuesten Sneakers und sexy Frauen tragen eben sexy Schuhe.

Was in diesem Zusammenhang allerdings auffällt, ist, dass sich die Frauenschuhmode inzwischen zunehmend der Ästhetik der pornographischen Fußbekleidung angenähert hat. In jedem Kaufhaus finden Sie heute »Sexy Go-Go-Stripper-Plateauschuhe und Domina-Stiefel«, sagt Semmelhack. »Die sind in den letzten zehn Jahren sehr beliebt geworden – und zwar zur gleichen Zeit, als normale Unterwäsche zusehends durch Stripperkleidung ersetzt wurde, und das Spaghettiträger-Hemdchen als Damenoberbekleidung Anerkennung fand. Frauenbekleidung und Schuhmode werden zunehmend mit Sexarbeit in Verbindung gebracht.«

Ich frage Semmelhack, wie es dann kommt, dass sich Flipflops heute so großer Beliebtheit erfreuen – und welche sexuelle Konnotation der klassischen Badelatsche zugeschrieben wird? Ihre Antwort: »Flipflops stehen für Freizeit, und in unserer Kultur verbinden wir Freizeit oft damit, dass wir uns in einem Zustand des Unbekleidetseins befinden. Insofern kann auch die Nacktheit des Fußes in einem Flipflop sexy wirken. Hinzu kommt, dass Flipflops ähnlich wie Stöckelschuhe gewissermaßen als Statussymbol funktionieren. Genau wie High Heels für Wohlstand und gesellschaftlichen Status stehen – da Sie in diesen Schuhen weder körperlich arbeiten können, noch besonders weit kommen, jedenfalls nicht ohne Auto – werden auch Flipflops mit Wohlstand und Freizeit in Verbindung gebracht. Wenn Sie Flipflops oder auch andere Sandalen tragen wollen«, so Semmelhack weiter, »müssen Sie sich ja auch die passende Pediküre und Nagelpolitur leisten können. Es bedeutet also einen erhöhten Arbeitsaufwand, sich in Flipflops angemessen präsentieren zu können. Und nur wer dem Müßiggang frönen kann, hat auch genügend Zeit übrig, um sich seiner Pediküre zu widmen.« Wenn Frauen sich also dafür entscheiden, in Stöckelschuhen herumzulaufen oder sich außerhalb von Schwimmbädern und Badestränden in Flipflops oder anderen spärlichen Sandaletten präsentieren, behaupten sie damit ihre Identität als sexuelle und feminine Frau.

So war es schon immer. Schuhe gelten seit Jahrhunderten als sexuelle Requisite. Schon lange sind die Prostituierten im Grunde die Avantgarde der Schuhmode. Seit jeher folgten die gewöhnlichen Frauen dem Vorbild der »gefallenen Frauen«, indem sie erotisch aufgeladenes Schuhwerk trugen. Aber auch Männer tragen bisweilen Schuhe mit eindeutig sexueller Konnotation. Für Männer wie für Frauen stellt das Tragen solcher Schuhe eine gesellschaftlich relativ unbedenkliche Möglichkeit dar, ihre sexuellen Affinitäten zum Ausdruck zu bringen. Wenn man Kleidung trägt, die in bestimmten Kreisen als »übertrieben« freizügig oder als »zu« enganliegend oder körperbetont gelten könnte, läuft man leicht Gefahr, dass dies als Ausdruck von sexueller Verzweiflung interpretiert werden könnte.

Unsere Füße aber stehen nicht unmittelbar im Zentrum des Blickfelds unseres Gegenübers, wodurch sich uns wiederum Möglichkeiten eröffnen, sie mit deutlich gewagteren Accessoires auszustaffieren. Daher gilt sexuell suggestives Schuhwerk in der Regel als weniger riskant und genießt eine größere gesellschaftliche Akzeptanz als etwa sexuell suggestive Bekleidung.

In ihrem spannenden Buch HEIGHTS OF FASHION: A HISTORY OF THE ELEVATED SHOE durchleuchtet Semmelhack die Geschichte der Schuhmode und fragt, wie es eigentlich dazu kam, dass eisenbesetzte Stilettos heute in vielen Büros als gesellschaftsfähig gelten.[64] Es begann in der Antike: bereits griechische, römische und etruskische Frauen trugen Plateauschuhe. Nach dem Zerfall des Heiligen Römischen Reiches geriet das erhobene Schuhwerk in der westlichen Welt allerdings eine Zeit lang in Vergessenheit und sollte erst rund tausend Jahre später wieder in Erscheinung treten. (Wenn du mal wieder vor Ungeduld platzt, weil du einem Paar heißbegehrten Designerschuhen entgegenfieberst, die gerade nicht vorrätig sind, tröste dich mit dem Gedanken: Ach, was sind schon ein paar Wochen auf einer Warteliste gegen ein ganzes Jahrtausend?!). Vor und nach dem Fall von Konstantinopel im Jahre 1453 strömten zahlreiche Flüchtlinge aus dem Ottomanischen Reich nach Europa und machten ihre neuen Nachbarn mit einem Hochplateau-Clog namens QABQAB bekannt, der die Füße seiner Träger und Trägerinnen in öffentlichen Badehäusern ins Trockene brachte. In Europa erfreuten sich diese hölzernen Clogs auf Stelzen bei den Frauen und Männern der gehobenen Gesellschaft schon bald großer Beliebtheit.

Zwischen 1300 und 1500 war in der Männerwelt ein recht seltsam anmutender Schuh mit einer langen spitz zulaufenden Zehenkappe äußerst populär, der Schnabelschuh, der mancherorts auch POULAINE oder CRAKOWES (nach der polnischen Stadt Krakau) bezeichnet wurde.

»Man hätte alle Zehen eines gewöhnlichen Fußes zusammenquetschen und übereinander stapeln müssen, hätten sie tatsächlich in diese Schuhspitze passen sollen« bemerkt Colin McDowell dazu in seinem Buch SHOES: FASHION AND FANTASY[65]. Die sexuelle Symbolik war hier unübersehbar: der lange Zeh war phallisch. In manchen Ausführungen wurde dieser Schuh mit Pferdehaar gepolstert und an der Spitze nach oben gebogen, nicht selten waren die Schuhspitzen dieser Pantoffeln bis zu dreimal so lang wie der eigentliche Fuß. In solchen Exemplaren konnte man nicht laufen, und so wurde die Spitze dieser Schuhe mit einem Draht oder einer Schnur hochgebunden und am Hosenbein der Träger befestigt.

Den Klerikern gefiel diese Mode gar nicht. Im Jahre 1468 wurde die POULAINE in einer päpstlichen Bulle (offizielle Urkunden, in der wichtige Rechtsakte des Papstes verkündet werden) veurteilt: Es war die Rede von »Verhöhnung von Gott und der Kirche, weltlicher Eitelkeit, und wahnsinniger Anmaßung«.[66] Die Bulle versuchte, vorzuschreiben, wie lang eine Schuhspitze höchstens sein durfte, wurde aber von den Männern nicht weiter beachtet. Ein italienischer Priester verdammte den Schnabelschuh mit der Begründung, die Form dieses Schuhs zeuge von einem Mangel an Respekt gegenüber Jesus Christus, der sich der Menschheit zuliebe mit seinen Füßen ans Kreuz hatte nageln lassen. Interessanterweise waren die vermaledeiten Schnabelschuhe ja tatsächlich recht unbequem, so dass sich heute der Eindruck aufdrängt, dass sie die Männer und ihre Füße gewissermaßen zu Märtyrern der Mode machten.[67]

Inzwischen bestanden auch die Frauen auf erhabenes Schuhwerk. Und so bemühten sich die Schuhmacher im

Italien und Spanien des fünfzehnten Jahrhunderts, ihnen diesen Wunsch zu erfüllen und schufen einen erotisierten Plateauschuh für die Frau, der in Venedig unter dem Namen CHOPINE bekannt wurde. Die Höhe der CHOPINES lässt unsere heutigen High Heels vor Scham erblassen. Dreißig Zentimeter hohe Plateaus waren nichts Ungewöhnliches, das höchste noch erhaltene Paar ist sogar 50 Zentimeter hoch. Auf CHOPINES konnte man nicht laufen, ohne von mindestens einer, wenn nicht gar von zwei Personen gestützt zu werden. Diese Schuhe waren ursprünglich erfunden worden, um die Füße ihrer Trägerin davor zu schützen, in Dreck und Matsch zu versinken, die venezianischen Kurtisanen aber hatten eine sehr extravagante Version der CHOPINE zu ihrem Markenzeichen gemacht – wodurch es für »respektable« Frauen wiederum unmöglich wurde, solche Schuhe zu tragen, ohne einen Skandal zu riskieren. Es ist jedoch erwiesen, dass Frauen aus allen sozialen Schichten es trotzdem taten. Die sexuelle Konnotation dieser Schuhe war unübersehbar. Nicht nur wurden diese Schuhe von Prostituierten getragen, sie hatten auch insofern eine offensichtliche erotisierende Funktion, als sie zum Laufen kaum geeignet waren und die Frauen im Gegenteil eher daran hinderten, sich fortzubewegen. CHOPINES waren sehr begehrt – zumindest finden sich in Gemälden, Fresken und Grafiken zahlreiche Abbildungen dieser sehr dekorativen Schuhe. In vielen italienischen Städten wurde jedoch auch diese Mode von der Priesterschaft – unter Verweis auf das Evangelium nach Matthäus Kapitel 6, Absatz 27, und mit der Begründung, dass es den Menschen nicht zustehe, sich selbst höher zu stellen – verdammt.[68] Und so wurde denn auch in den Bekleidungsvorschriften der »Luxusgesetze« jener Zeit unter anderem festgelegt, wie hoch Frauenschuhe sein durften. Frauen, die gegen diese Regeln verstießen, mussten Strafen bezahlen.

Die Schuster hatten indes zunehmend Mühe, die steigende Nachfrage nach maßgeschneidertem Schuhwerk zu befriedigen. Anfang des sechzehnten und bis ins späte neunzehnte Jahrhundert hinein wurden daher die zeitaufwändigen Verfahren der Schuhherstellung zunehmend vereinfacht. Unter anderem wurden statt der maßgeschneiderten Schuhe für den linken oder rechten Fuß Schuhe mit geraden Einheitssohlen angefertigt, die ohne jeglichen Unterschied auf beide Füße passen sollten. Optisch entsprachen sie damit auch dem damaligen Symmetriebedürfnis: Genau wie alle anderen doppelt vorhandenen Körperteile (wie Augen, Beine und Arme) sollten auch die Füße möglichst symmetrisch aussehen.[69] Und so waren die Schuhe jener Zeit – wenn Sie auch den ästhetischen Ansprüchen gerecht wurden – mit ihrer gerade geschnittenen Form und der extremen Höhe vermutlich relativ unbequem zu tragen.

Der hohe Absatz allerdings wurde in Westeuropa erst Ende des sechzehnten Jahrhunderts eingeführt. Einige Historiker behaupten, der Schuh mit erhöhtem Absatz wäre lediglich eine Abwandlung der CHOPINE. Semmelhack sieht dies jedoch anders. Sie weist darauf hin, dass es Männer waren, und nicht Frauen, die zuerst Schuhe mit Absätzen trugen. Und die Männer der Oberschicht hätten sich um Nichts in der Welt einen Gegenstand (oder die Abwandlung eines Gegenstandes) angeeignet, der so stark mit sexualisierter Weiblichkeit assoziiert wurde wie die CHOPINES. Ihrer Ansicht nach stand hier vielmehr das Schuhwerk der persischen Reiter und Krieger Modell, welches kopiert und an die Bedürfnisse der europäischen Männer angepasst wurde. Der Absatz selbst hatte ursprünglich eine rein praktische Funktion: er verhinderte, dass die Stiefel des Reiters aus den Steigbügeln rutschten. Aufgrund seines Ursprungs aber haftete ihm zum einen ein Hauch von Orient an – insofern stand er für Exotik und Abenteuer. Andererseits verlieh ihm die Tatsache, dass er seine Wurzeln in der Welt der Reiterei und des Militärs hatte, auch einen Flair von männlicher Potenz und Virilität. Den europäischen Männern wurde allerdings schnell klar, dass ihre modische Variante des hochhackigen Schuhs noch einiger Feinabstimmung bedurfte, bevor sie sich damit auch mühelos in der Öffentlichkeit bewegen konnten. Mit der Zeit wurden ihre Schuhe immer robuster und strapazierfähiger, so dass sie sie schließlich auch im Freien tragen konnten.

Anschließend traten dann auch die Frauen der europäischen Oberschicht in die Fußstapfen ihrer Männer und tauschten die CHOPINE gegen den absatzbewehrten Schuh ein. Anders als die Absatzschuhe der Männer allerdings waren die hochhackigen Frauenschuhe ausgesprochen delikat und raffiniert – und damit nur für Innenräume geeignet. Besonders auffällig waren die geschlechtsspezifischen Unterschiede in der Gestaltung der Absatzschuhe zur Zeit des französischen Königs Ludwigs des Vierzehnten (1643 bis 1715). Louis XIV ist bekannt für seine Opulenz und Dekadenz – und dafür, dass er nur 1,65 m groß war. Er selbst trug Schuhe mit Absätzen, die mit kunstvollen Miniaturgemälden von Landschaften oder Schlachten verziert waren. Er ließ verkünden, dass es nur den Aristokraten, die seinem Hofe angehörten, gestattet sei, Schuhe mit roten Absätzen zu tragen – und machte Schuhe mit roten Absätzen damit über Nacht zu einem exklusiven Symbol für Privilegien und Macht. Die Absatzschuhe, die er und andere aristokratische Männer trugen, galten jedoch (gemäß dem damaligen Geschmack) nicht als feminisiert. Sie waren im Zehenbereich mehr oder weniger quadratisch geschnitten, hatten mäßig hohe Absätze und waren mit einer Schnalle verziert. Sie waren damit eher männlich konnotiert und suggerierten Stärke. Interessanterweise wurde in der Männerschuhmode jener Zeit auch die so genannte »Schuhrose« sehr populär, aber auch dieser große Seidenbommel, der an der Schuhspitze befestigt wurde, galt als maskulin, da er als phallisches Symbol verstanden wurde.[70]

Frauen hingegen trugen Absätze, die im Vergleich dazu schmaler und höher waren. Die Zehenkappe lief spitz zu, und die Schuhe wurden mit Schnürbändern, Rüschen und Schleifchen und anderen femininen Accessoires verziert. Die Frauenschuhe wurden so gestaltet, dass sie den Fuß kleiner erschienen ließen, als er wirklich war. Heute kombinieren Frauen High Heels gerne mit langen Hosen, die den Großteil des Schuhs verdecken und nur noch die Zehen herausschauen lassen. Die französischen Aristokratinnen machten das damals, so Semmelhack, offenbar ganz ähnlich: Sie »erweckten den Eindruck dass sie winzige Füße hätten, indem sie einen großen Teil des Fußes unter dem Rock versteckten, so dass nur mehr die Schuhspitze verlockend unter dem Saum hervorlugte.«[71]

Die Leute aus der Oberschicht trugen Schuhe mit Absätzen als Statussymbol. Als die Menschen aus einfacheren Verhältnissen ebenfalls begannen, hochhackige Schuhe zu tragen, mussten die Wohlhabenden sich etwas Neues ausdenken, um sich vom gemeinen Volk abzuheben. Ihre recht simple Lösung bestand darin, ihre Schuhe nun mit noch höheren Absätzen auszustatten: je höher der Absatz, umso unpraktischer der Schuh, umso höher der gesellschaftliche Status. Allerdings eigneten sich diese sehr hohen Absätze nicht dafür, außer Haus getragen zu werden. Schließlich waren die Straßen damals noch ungepflastert. Die Absätze würden direkt im Matsch versinken. Was sollten die statusbewussten Mitglieder des Adels also tun? Sie probierten es zunächst mit einem speziellen Pantoffel mit flacher Sohle – einer Art Überschuh. Wenn sie nach draußen gehen wollten, schlüpften sie einfach in diesen Überschuh. Schon bald wurde dann auch ein Outdoor-Schlüpfschuh entwickelt, in den man seine hochhackigen Schuhe integrieren konnte: die so genannte Klatsch- oder Klappersohle (die so hieß, weil sie beim Laufen ein klapperndes Geräusch machte). Eine andere Möglichkeit, das wertvolle Schuhwerk außer Haus zu tragen, ohne sich die Absätze zu ruinieren, bestand darin, an der Unterseite des Schuhs eine Art Eisenring zu befestigen.

Dann aber kam die Zeit, in der in Europa aufklärerische Ideen von Vernunft, Freiheit und Demokratie von sich Reden machten. Der Charme der Aristokratie begann zu verblassen. Die Männer verabschiedeten sich vom hochhackigen Schuh und von sonstigem Prunk und pompösem Beiwerk – und zwar endgültig. Seitdem sind Schuhe mit erhöhten Absätzen oder Sohlen – einmal abgesehen von dem kurzen Comeback des Plateauschuhs in der Männer- und Frauenmode der 70er Jahren – reine Frauensache. Damals aber wurde die Tatsache, dass Frauen – anders als die Männer, die sie soeben abgelegt hatten – immer noch Schuhe mit hohen Absätzen trugen, als Beweis dafür angeführt, dass einzig allein der Mann zu einem aufgeklärten und rationalen Menschen heranreifen konnte. Schließlich waren hochhackige Schuhe irrsinnig unpraktisch. Semmelhack zitiert einen populären französischen Spottreim aus jener Zeit:

»Mount on French Heels
When you go to a ball
'Tis the fashion to totter
And show you can fall.«[72]
(Nimm die französischen Stöckelschuh
Wenn du heute zum Ball gehst
Es ist Mode zu torkeln
Zeig wie schön du zu Fall gehst.)

Gewiss waren die Frauen weniger vernünftig als die Männer, wenn sie der Sklaverei der Mode verhaftet blieben statt für ihre Freiheit einzustehen. Bereits im Jahr 1792 warnte die britische Feministin Mary Wollstonecraft daher: Wenn Mädchen der Zugang zu Bildung verweigert wird und sie so sozialisiert werden, dass sie sich um nichts anderes zu kümmern haben als um Mode, führt ihr Leben direkt in einen »goldenen Käfig«.[73]

In der Zeit nach der Amerikanischen und der Französischen Revolution waren sich die meisten Frauen schließlich darüber einig, dass der hochhackige Schuh nicht mehr zeitgemäß sei und auch nicht zu den zeitgenössischen Werten passte. Sie entschieden sich stattdessen für Schuhe mit flachen Sohlen. Dieser Trend passte allerdings wiederum zu den im neunzehnten Jahrhundert gängigen Vorstellungen von Weiblichkeit. Eine gute Frau, hieß es jetzt, ist Hausfrau und Mutter, und ihre vornehmliche Aufgabe besteht darin, ihren Kindern eine sittliche Erziehung zuteil werden zu lassen. Der flache Schuhe ermöglichte es der braven Hausfrau und Mutter nun also, ihren hektischen

Alltag zu meistern und für die Bedürfnisse ihrer Kinder da zu sein.

Aber Mode ist bekanntlich unbeständig. Schon Mitte des neunzehnten Jahrhunderts trugen gesellschaftlich privilegierte Frauen wieder enganliegende, hochgeknöpfte Stiefeletten mit hohen Absätzen. In ihrer 1831 erschienenen Autobiographie beschreibt die französische Romanschriftstellerin George Sand wie unterschiedlich es sich anfühlt, mit Frauen- oder mit Männerschuhen durch die Welt zu gehen.

»Auf dem Pariser Pflaster fühlte ich mich wie ein Boot auf Glatteis. Meine zierlichen Schuhe platzten schon nach zwei Tagen auf, auf meinen Stelzenschuhen geriet ich ins Schleudern und ich vergaß ständig, mein Kleid anzuheben. Ich war völlig verdreckt ... und ich sah, wie sich meine Schuhe und Kleider ... mit beunruhigender Geschwindigkeit in ihre Bestandteile auflösten ... [Um Geld zu sparen, begann ich, mich wie ein junger Mann zu kleiden.] Ich kann gar nicht sagen, wie sehr mich meine neuen Stiefel begeisterten: am liebsten hätte ich sogar darin geschlafen, so wie mein Bruder es getan hatte, als er damals als junger Knabe sein erstes Paar Stiefel bekommen hatte. Mit diesen stahlbeschlagenen Absätzen hatte ich auf den Gehwegen endlich festen Boden unter den Füßen. Ich rannte in ganz Paris hin und her, und hatte das Gefühl, ich laufe einmal um die ganze Welt.«[74]

Zur gleichen Zeit waren die afroamerikanischen Sklaven gezwungen, steife, schäbige Arbeitsschuhe zu tragen, die so genannten »Brogans«. Diese Schuhe hatten dicke Sohlen aus Holz oder Leder. Sie wurden von ungelernten, schlecht bezahlten Arbeitern angefertigt, die viel geringere Löhne erhielten als andere Schuster. Viele Schuhmacher erzählen, dass nach der Emanzipations-Proklamation und der Ratifizierung des Dreizehnten Zusatzartikels zur Verfassung der Vereinigten Staaten, die die Sklaverei abschaffte, niemand mehr BROGANS kaufen wollte, weil diese Schuhe so unweigerlich mit brutaler und erniedrigender Knechtschaft assoziiert wurden.[75]

Ende des neunzehnten Jahrhunderts wurden im Rahmen der städtischen Erneuerung in Paris, London und New York die ersten Kaufhäuser eröffnet. Dank der Industrialisierung der Schuhproduktion musste man, wenn man ein neues Paar Schuhe brauchte, nun nicht mehr zum Schuster gehen, sich die Füße ausmessen lassen, und ewig warten bis die bestellten Schuhe fertig waren. Jetzt gab es ein ganzes Sortiment an serienmäßig produzierten gebrauchsfertigen modischen Schuhen, aus denen man sich einfach ein Paar aussuchen konnte. In Europa und in den USA waren die Frauen mobiler und unabhängiger als je zuvor, und wer es sich leisten konnte, verbrachte seine freie Zeit damit, durch die Straßen zu flanieren, ins Café oder shoppen zu gehen.

Jetzt vermuten Sie vielleicht, dass diese neue Mobilität die Frauen dazu bewegt hätte, sich endlich praktische Laufschuhe zuzulegen. Weit gefehlt. Das Gegenteil war der Fall: Da sich die Frauen nun mehr in der Öffentlichkeit aufhielten, wo sie gesehen werden konnten, schien es ihnen umso wichtiger, sich in femininen hochhackigen Schuhen zu zeigen. Bis dahin wurde von »anständigen« Frauen erwartet, dass sie zu Hause bleiben und Heim und Herd hüten. Nur Prostituierte oder »gefallene« Mädchen hatten sich regelmäßig auf die Straße gewagt. Nun aber stolzierten Frauen aus allen gesellschaftlichen Schichten in der Stadt herum – unabhängig, auffällig und erotisch.

Die Prediger warnten vergebens vor dem gefährlichen und unschicklichen Absatzschuhen. Die Frauen weigerten sich einfach, davon zu lassen.

Es war inzwischen allgemein bekannt, dass Schuhe mit hohen Absätzen große Schmerzen verursachen – nicht nur in den Füßen, auch in den Knien und im Rücken. Manche Frauen, die unter diesen Schmerzen litten, konnten die Stundenzahl in ihren geliebten High Heels reduzieren. Die Frauen, die als Verkäuferinnen in Kaufhäusern oder Damenbekleidungsgeschäften arbeiteten, hatten hingegen keine andere Wahl: von ihnen wurde erwartet, dass sie die Ware, die sie verkauften, auch selbst am Leibe trugen – und diese Frauen waren oft zehn bis zwölf Stunden am Tag auf den Beinen. Im Jahr 1880 schrieb das britische medizinische Fachblatt LANCET gegen diese »Grausamkeit gegen die Frauen« an, und in Paris, London und New York bemühten sich engagierte Ärzte darum, gesetzliche Vorschriften durchzusetzen, die die Arbeitgeber dazu verpflichteten, ihren weiblichen Angestellten zumindest Sitzgelegenheiten zur Verfügung zu stellen, damit diese nicht gezwungen waren, den ganzen Tag lang auf hochhackigen Schuhen zu stehen.[76]

Anfang des zwanzigsten Jahrhunderts waren die High Heels aus dem Straßenbild der USA nicht mehr wegzudenken. Sogar die Suffragetten, die (wie alle Verfechterinnen der Frauenrechte vor und nach ihnen) gerne als unattraktiv oder unweiblich diffamiert und lächerlich gemacht werden, trugen Schuhe mit hohen Absätzen. Triumphierend verkündete die NEW YORK TIMES 1912: »Die Frauen, die für das Frauenwahlrecht eintreten, achten jetzt mehr auf ihre äußere Erscheinung.« Die TIMES berief sich darin auf Berichte aus gut unterrichteten Kreisen und zitierte zum

Beispiel eine Frauenrechtlerin mit den Worten: »Sie tragen jetzt der Tatsache Rechnung, dass es der Sache, für die sie eintreten, schadet, wenn sie als Frauen unordentlich, achtlos oder unmodisch gekleidet auftreten«.[77] Allerdings gingen die Meinungen natürlich auch hier weit auseinander. Manche Suffragetten kritisierten ihre mit hohen Absätzen herumlaufenden Schwestern: »Ich möchte daher die folgende These vorbringen: »The efficient life« – »Das effiziente Leben« (ein gesundes, erfülltes, sinnvolles, erfolgreiches, ganzheitliches Leben) – kann man nicht auf französischen Absätzen führen.«[78] [79] Im Jahr 1908 veröffentlicht die Zeitschrift Ladies´ Home Journal Röntgenaufnahmen von Füßen in Schuhen mit hohen und niedrigen Absätzen, die deutlich machen, dass in hohen Schuhen »die einzelnen Fußknochen in eine unnatürliche Stellung zueinander gezwungen werden.«[80] Die Frauen, die danach immer noch hohe Schuhe trugen, waren also gewarnt worden.

Falls es überhaupt jemals ein Unbehagen in Bezug auf die erotische Konnotation von High Heels gegeben haben sollte, so war dies vergessen, nachdem Millionen Männer im ersten Weltkrieg und in den Grippeepidemien von 1918 bis 1920 ihr Leben gelassen hatten. Spätestens jetzt gaben sich die Frauen im Konkurrenzkampf um die wenigen übrig gebliebenen heiratsfähigen Männer wieder so verführerisch wie möglich. Die Kühnsten unter ihnen gingen mit der so genannten Flapper-Mode – korsettfrei, in kurzen Röcken, stark geschminkt und auf Schuhen mit Absätzen. Das Auftreten der wirklichen Flapper galt als ausgesprochen aufsässig und provokativ. Die meisten US-Amerikanerinnen wollten nun natürlich weder den skandalösen Lebensstil noch den gesamten Look der Flapper übernehmen, nur ein Element wurde durch die Bank von allen Frauen gerne kopiert: die High Heels.

Da High Heels nun aber als sexuell suggestiv und damit als unmoralisch galten, drohten Colleges und High Schools damit, diese zu verbieten, und es wurden Gesetzesvorschriften erlassen, die das Tragen von High Heels in der Öffentlichkeit untersagten. Religiöse und moralische Einwände vermischten sich nunmehr mit Warnungen vor den gesundheitlichen Schäden. 1920 berichtete die WASHINGTON POST über den Vortrag eines renommierten Chirurgen: »Mit fast schon religiösem Eifer trat er für den ERHALT VON GESUNDHEIT UND SITTLICHKEIT ein und ließ nichts Gutes an dem schnöden Ding,« kommentierte der Reporter. »Der vornehme Chirurg machte ferner deutlich, dass er es durchaus begrüßen würde, wenn die Hersteller von High Heels allesamt wegen schwerer Körperverletzung ins Zuchthaus geschickt würden.« [Hervorhebung der Kursiv gesetzten Textstelle durch die Autorin][81] Bedauerlicherweise wurden hier die durchaus gerechtfertigten gesundheitlichen Bedenken gegen den hochhackigen Schuh im gleichen Atemzug genannt mit einer äußerst dünnen moralischen Argumentation. Vielleicht hätten die Frauen den berechtigten Warnungen vor den gesundheitsschädigenden Folgen des Tragens von hochhackigem Schuhwerk ja mehr Gehör geschenkt, wenn diese unabhängig vom Vorwurf der Sittenwidrigkeit vorgetragen worden wären.

Nach der Weltwirtschaftskrise von 1929 trugen die meisten Frauen wieder deutlich dezentere Kleidung und Schuhe. Infolge der wachsenden Arbeitslosigkeit und Unterbeschäftigung hatten viele Menschen mehr Freizeit und weniger Geld, und auf der Suche nach Freizeitaktivitäten, die nicht viel kosten, verbrachten viele Amerikaner jetzt mehr Zeit am Strand. Das hatte unter anderem zur Folge, dass die vorne offene Sandale populär wurde. Der italienische Schuhdesigner Salvatore Ferragamo machte die einfache Strandsandale dann salonfähig, indem er schicke Sandaletten mit Keilabsätzen und Plateausohlen entwarf. Und so kam es, dass sie Frauen fernab von Sandstrand und Meeresalgen nun Keilabsatz- und Plateausohlenkreationen trugen, die als modisch aber nicht sexuell anstößig galten.

Auch in der Zeit des zweiten Weltkrieges trugen viele Frauen Keilabsatz und Plateauschuhe: Sie waren wesentlich praktischer als die hohen Absätze und trotzdem noch feminin und attraktiv. Die Frauen begannen allmählich, sich nicht mehr nur für das Design ihrer Schuhe zu interessieren, sondern zunehmend auch für rein praktische Aspekte wie deren Passform. 1945 versprach GOLD CROSS SHOES in einer Anzeige in einem Frauenmagazin: »Gold Cross Schuhe kommen erst auf den Markt, nachdem sie wochenlang an aktiven menschlichen Füßen sorgfältig auf ihre Passform getestet wurden. Bevor ein neues Gold Cross-Modell in die Schuhgeschäfte kommt, werden von Hand gefertigte Prototypen zunächst erprobt... getragen.... und eingelaufen...wochenlang. Dabei werden sie täglich von unseren Designern überprüft, um auch die kleinste Passungenauigkeit, jede Lücke, jede Faltenbildung, jede Engstelle aufzuspüren. Sie werden abgeändert. Wieder getestet. So lange, bis wir Ihnen mit Sicherheit die Passform anbieten können, von der Millionen von Frauen sagen, dass sie sie NUR in... Amerikas berühmter passformgetesteter Damenschuhmode finden.«[82]

Während des Krieges trugen die Frauen Schuhe, die zu ihrer nüchternen, eher maskulinen Kleidung (schlichte knielange Röcke und dazu lange Jacken) passten: Die

Millionen von Frauen, die in Fabriken arbeiteten, und damit sowohl den Kriegseinsatz unterstützten als auch den Männer, die in Übersee kämpften, Rückendeckung gaben, trugen tagsüber zweckmäßigerweise praktische Schnürschuhe. Außerhalb der schmutzigen Fabriken aber griffen sie nach wie vor oft zu eleganten, wenn auch eher enterotisierten, Modeschuhen.

Die amerikanischen Männer hingegen, die fernab der Heimat kämpften, waren währenddessen einem ganz anderen Bild von Weiblichkeit ausgesetzt: dem der »Pin-Ups« – der spärlich bekleideten, üppigen Schönheiten in High Heels. Sexy Fotomodelle auf Postern und Postkarten lieferten den Soldaten Idealbilder, von denen sie träumen und mit denen sie sich von der beängstigenden und schrecklichen Realität des Krieges ablenken konnten. Als die Männer dann aus dem Krieg zurückkehrten, waren sie oftmals enttäuscht, dass ihre echten Freundinnen oder Gattinnen ihren geliebten Pinups so gar nicht das Wasser reichen konnten. Ehrlich gesagt: Wer kann das schon? Aber unzählige Frauen gaben sich die allergrößte Mühe. Sie verbannten Keilabsätze und Plateauschuhe in den Tiefen ihrer Kleiderschränke und zogen aus, sich sexy High Heels anzuschaffen. Und da ihnen schließlich die Jobs, die sie in Kriegszeiten übernommen hatten, nun ohnehin wieder weggenommen und den Jungs zurückgegeben wurden, brauchten sie jetzt ja sowieso keine vernünftigen Schuhe mehr.

DIE UNAUFHÖRLICHEN WARNUNGEN DER ÄRZTINNEN

In jeder Generation hat es medizinische Fachleute gegeben, die Frauen vor der Schädlichkeit hoher Absätze warnten.

1740
»Nicht nur die Muskeln der großen Achillessehne, die der Streckung des Fußes dienen, sondern auch die vorderen Muskeln, die der Streckung der Zehen dienen, sind infolge der Höhe der Schuhe in einem dauerhaften Zustand erzwungener Kontraktion; und nicht nur die vorderen Muskeln, die der Beugung des Fußes dienen, sondern auch die hinteren Muskeln, die der Beugung der Zehen dienen, sind gleichzeitig aufgrund dieser Höhe in einem dauerhaften Zustand erzwungener Dehnung. Dieser andauernde Zustand der Kontraktion einiger und der Zerrung anderer Muskeln kann früher oder später nur eine mehr oder weniger schwerwiegende Schädigung ihrer Gefäße verursachen, seien es die Blutgefäße oder die Lymphgefäße, und ihrer Nerven, und fernerhin auf dem Wege der Kommunikation dieser Gefäße und der Nerven mit den Gefäßen und der Nerven anderer, entfernterer Körperteile, sogar mit jenen der inneren Organe und des Bauchraums usw., tauchen Beschwerden auf, denen man eine völlig andere Ursache zuschreiben würde, und daher würde man dauernd Heilmittel zur Anwendung bringen, die nicht nur zwecklos, sondern versehentlich schädlich und gefährlich sein könnten.«[83]

Jacob Winslow, Professor der Anatomie, Jardin du Roi, Paris

1781

»Die reichen Frauen laufen ... aufgrund der Höhe ihrer Absätze auf dem vorderen Teil ihrer Füße, und daher sehr schlecht; sie laufen, wenn der Vergleich erlaubt sei, wie die Mehrheit der Vierfüßler – nur auf ihren Zehen.«[84]

Peter Camper, Professor für Anatomie und Chirurgie, Athenaeum, Amsterdam

1868

»Hochhackige Stiefel und Schuhe sind universell, ungeachtet dessen, dass Mediziner sich in ihren Schriften äußerst heftig dagegen ausgesprochen haben. Sie sagen, dass die Mode Hühneraugen, Krämpfe, Lahmheit in jungen Jahren verursacht und den Umfang der Wade verringert, so dass das Bein seine Symmetrie verliert.«[85]

Britisches Frauenmagazin

1882

»Ich habe die Geschichte einer Frau gehört, die diese hochhackigen Schuhe trug und aufgrund von Beschwerden an der Wirbelsäule einen der berühmtesten orthopädischen Chirurgen in New York aufsuchte. Und als er, nachdem er ihren Fall untersucht hatte, feststellte, dass sie ein Paar dieser modischen Schuhe trug, packte er sie sofort und äußerte sich dabei in eher groben als eleganten Worten, während er die Absatzschuhe herunterriss, sie fortschleuderte und ihnen einen Schwall von Schimpfwörtern folgen ließ, wobei er alle möglichen schlimmen Folgen prophezeite, sollte diese abscheuliche Mode fortgeführt werden.«[86]

Fordyce Barker, Präsident der New York Academy of Medicine

1934

»Über eine längere Zeit getragen, führen hochhackige Schuhe zu ernsthaften Veränderungen der Körpermechanik und der Ausrichtung des Fußes.«[87]

Populäres medizinisches Lehrbuch

1952

»Extrem hohe Absätze werden immer eine Gefahrenquelle für die Füße und letztendlich für die Gesundheit sein. Trägt man sie ständig, zieht sich die Wadenmuskulatur so stark zusammen, dass … dass es fast unmöglich wird, barfuß oder in Pantoffeln zu laufen … Geschwollene Fußknöchel und leicht deformierte Füße gehören zu den direkten Folgen von Schuhen mit 15 Zentimeter hohen Absätzen.«[88]

George Bankoff, britischer Chirurg

2000

»Vergleicht man Männer und Frauen, liegt die Wahrscheinlichkeit, dass bei Frauen unterschiedliche Probleme mit dem Vorfuß auftreten, bei 9:1. Es lässt sich feststellen, dass Männer mehr ›gesunde‹ Schuhe tragen. Schuhe für Männer bieten dem Fuß ein geräumigeres, weniger einschränkendes Umfeld als Modeschuhe für Frauen. Ein Orthopäde könnte zu dem Schluss kommen, dass Frauen geräumigere Schuhe tragen würden, wenn ihnen bewusst wäre, wie schädlich das Tragen von einengendem Schuhwerk ist. Leider ist das oft nicht der Fall. Die Damenschuhe der Haute-Couture sind extrem beliebt, nicht weil Frauen in ihrer Wahl des Schuhwerks unvernünftig sind, sondern weil das Auswählen topmodischer Frauenschuhe Teil eines viel komplexeren

Musters menschlichen Verhaltens ist, in dem Menschen, die ihr Aussehen verändern, gesellschaftlich und sexuell attraktiver werden.«[89]

Carol Frey, klinische Hochschulassistentin für orthopädische Chirurgie, University of California, Los Angeles

Besonders interessant aber wurde es in der Geschichte der High Heels nach dem Ende des zweiten Weltkriegs. In den beiden Films Noirs aus dem Jahre 1946 – THE POSTMAN ALWAYS RINGS TWICE (Wenn der Postmann zweimal klingelt) mit Lana Turner und DOUBLE INDEMNITY (Frau ohne Gewissen) mit Barbara Stanwyck – zum Beispiel gibt es jeweils eine Großaufnahme, in der die Kamera unablässig die Absätze der Protagonistinnen – der FEMMES FATALES fokussiert. Das Filmpublikum versteht an dieser Stelle sofort, dass die Frauen gefährlich sind, denn sie haben verführerische Schuhe an. Hochhackige Schuhe nämlich können nur Eines bedeuten: diese Frauen sind DRESSED TO KILL.

1947 führte Christian Dior eine neue Mode ein, die sich durch feminin-elegante Designs mit engen Schulterpartien, schmalen Taillen, figurbetonten Oberteilen sowie durch weite, schwingende Röcke auszeichnete. Dieser von Dior kreierte »New Look« hatte eine Signalwirkung auf die Welt der Mode, denn er kündigte an, dass für die Frauen die Zeit gekommen war, sich wieder wie sexuelle Wesen zu kleiden. Zu jedem »neuen Look« gehört aber immer auch ein Paar passende Schuhe, die die jeweilige Figur angemessen betonen. Dior brauchte also noch einen eleganten hochhackigen Schuh, um seinen Look zu vervollständigen.

Schon damals war man sich darüber im Klaren, dass High Heels besonders sexy wirken, wenn die Absätze extrem schmal sind. Seit jeher hatten Schuhdesigner sich deshalb darum bemüht, hochhackige Schuhe mit möglichst schmalen Absätzen zu kreieren, waren aber oft an den technischen Möglichkeiten gescheitert. In den 1940er Jahre wurden Absätze in der Regel aus Holz gefertigt und anschließend mit Leder bezogen. Wenn der Absatz allerdings zu schräg oder zu spitz zulief, konnte er das auf ihm lastende Körpergewicht nicht tragen ohne umzuknicken und abzubrechen.[90] In den 1950er Jahren kam dann endlich der Durchbruch: italienische Schuhhersteller fanden heraus, wie sie Schuhe mit ultraschmalen hohen Absätzen konstruieren konnten. Sie stabilisierten den Absatz, indem sie ihn durch einen plastikummantelten Metallstift verstärkten. Der an der Schuhsohle angeschraubte Metallstift trug das auf der Ferse lastende Körpergewicht. Diese Technik ermöglichte die Konstruktion von Schuhen mit einer Absatzhöhe von bis zu 13 Zentimetern.

Im Jahr 1952 kreierte Diors Schuhdesigner Roger Vivier dann den klassischen Pump. Dieser besaß einen zehn Zentimeter hohen sich nach unten stark verjüngenden Absatz, auch Pfennigabsatz genannt, und eine spitze Schuhkappe. Andere Designer wie Charles Jourdan, Herman Delman und Salvatore Ferragamo zogen nach und entwarfen ebenfalls Modelle mit spitzen hohen Absätzen. Die VOGUE taufte diese Schuhe auf den Namen »Stiletto« – nach der gleichnamigen dolchähnlichen Stichwaffe norditalienischer Herkunft.

Es ist schwer, einen Schuh namens »kleiner Dolch« nicht mit Gewalt zu assoziieren. Vielleicht kam der Stiletto ja gerade deswegen bei den Frauen so gut an – quasi als passiver Ausdruck ihrer Wut darüber, dass sie nach dem Krieg wieder aus ihren Jobs verdrängt worden waren. Vielleicht war der Stiletto aber auch ein Symbol für die

Weigerung, die Hausarbeit zu erledigen. Die Schuhhistorikerin Caroline Cox etwa führt an, man könnte es durchaus als ein Zeichen von offenem Widerstand, als eine Herausforderung der männlich dominierten Kultur deuten, wenn Frauen Schuhe trugen, die ziemlich deutlich signalisierten: »Ich habe heute nicht den Haushalt gemacht«.[91]

Im realen Leben erledigten viele Frauen ihre Hausarbeit aber tatsächlich in High Heels. Sie hatten das Gefühl, sie müssten sich bemühen, IMMER UND JEDERZEIT so aufreizend auszusehen wie diese bezaubernden Pinups und all die anderen glamourösen, berühmten und sexverheißenden Frauen. Schließlich trug auch Marilyn Monroe Stilettos, als sie mit dem Hintern wackelte; und im 1953 aus der Taufe gehobenen PLAYBOY sah man all diese nackten MÄDCHEN VON NEBENAN, die da gar nichts anhatten außer ihren Stilettos. So mutierten diese hocherotisierten High Heels zu einem Standardschuh, der selbst bei der Erledigung der alltäglichen Haushaltspflichten getragen wurde.

Anfang der 1960er Jahre wurde dann die Schuhkappe der Stilettos mit einer übertrieben langen Spitze ausgestattet, die an die POULAINES des fünfzehnten Jahrhunderts erinnerte. Dieser neue Stil, der WINKLEPICKER genannte wurde (nach dem gleichnamigen Stocherwerkzeug, mit dem man Schnecken in ihrem Gehäuse aufspürt, aufspießt und herausmanövriert) erfreute sich in Großbritannien bei Männern und Frauen großer Beliebtheit. »Ästhetisch betrachtet stellte die Kombination der sich nach vorne hin extrem verjüngenden Schuhspitze mit dem Stilettoabsatz die perfekte Ergänzung zu Fuß, Fesselgelenk und Wade dar,« schrieb der Schuhhistoriker Jonathan Walford, »aus medizinischer Sicht hingegen war es eine grauenhafte Mischung.«[92] Im Jahr 1971 schickte eine gewisse Abigail Van

Buren, die auch als »Dear Abby« bekannt wurde, einen offenen Brief an den Amerikanischen Verband der Schuhproduzenten – zusammen mit hunderttausend Unterstützerbriefen von amerikanischen Frauen. Darin hieß es: »Meine Herren, bitte tun Sie, was in Ihrer Macht steht, wenn es in Ihrer Macht steht, und befreien Sie die gefesselten Füße der Frauen. Es ist nicht fair, und es macht auch keinen Spaß, im Namen der Mode fürchterliche Qualen zu erleiden.«[93] Zu jener Zeit scherte sich noch kaum jemand darum, dass die Frauen ihren Füßen mit dem dolchähnlichen Absatzschuh bleibende körperlichen Schäden zufügten. Es gab jedoch etwas, das schon bald für große Aufregung sorgen sollte: die befürchtete Vernichtung der hochwertigen Parkettfußböden. In den sechziger Jahren verboten zahlreiche Museen, Galerien und historische Stätten das Tragen von Stilettos in ihren Räumlichkeiten, um die wertvollen Fußbodenbeläge zu schützen.

Noch im selben Jahrzehnt sollte die Nachfrage nach High Heels für ein paar Jahre zurückgehen. Mitte der sechziger Jahre avancierte mit der mageren Twiggy – eine junge Frau, die in ihrer Kombination aus Minirock, Kniestrümpfen und flachen Schuhen oder André Courrèges Go-Go-Stiefel aussah wie ein »verlorenes kleines Mädchen« – zur Modeikone und zum weltweit beliebtesten Fotomodell. Millionen modebewusster Frauen kopierten ihren Look. Als dieser Trend sich durchsetzte und ein paar Jahre später auch noch die Frauenbewegung vehement gegen High Heels, Korsett und Strapse argumentierte, verschwanden die Stilettos für eine Weile aus der Welt der Mode. In den 1970er Jahren trat dann der klobige Plateauschuh wieder in Erscheinung, der in dieser androgynen Zeit sogar von Männern getragen wurde. Nun kamen erstmals auch

Schuhe mit stützendem Fußbett wie die Birkenstock-Sandale und Schuhe mit abgesenkter Ferse auf den Markt, an denen vor allem Leute Gefallen fanden, die im Namen der Bequemlichkeit und Gesundheit auf Mode auch gerne verzichten konnten.

In den 1980er Jahren stieg die Zahl arbeitstätiger Frauen rasant an. Viele Frauen wussten jedoch nicht genau, was sie anziehen sollten, um professionell auszusehen, und so beherzigten Millionen von ihnen die Ratschläge von T. Moley, Autor des Moderatgebers A WOMAN´S DRESS FOR SUCCESS BOOK. Dieser empfahl den Frauen, ein dunkelfarbiges konservatives Kostüm (als Kombination aus Jacke und Rock) sowie Schuhe mit mittelhohen Absätzen zu tragen. »Die besten Schuhe für eine Geschäftsfrau sind einfache geschlossene Pumps in einem dunklen Farbton.« schrieb Molloy. »Der Absatz sollte etwa vier Zentimeter hoch sein.« Molloy erklärte: Wenn ein Mann Anzug und Krawatte trägt, dann trägt er gewissermaßen ein Aushängeschild, auf dem »Geschäftsmann« steht. »Frauen brauchen genau so ein Zeichen. Die Kombination aus dunklem Rockanzug und Pumps« versprach er, »wird der Geschäftsfrau genau die Ausstrahlung von Autorität verleihen, die sie braucht. Wenn Frauen in sämtlichen Wirtschaftsbereichen Erfolg haben wollen, müssen sie sich diese Uniform zulegen. Das ist ihre beste Chance.«[94] Molloy war davon überzeugt, dass diese Uniform Geschäftsfrauen seriös, bescheiden, professionell und dennoch feminin erscheinen ließe.

In seinem Bestseller warf er der Modeindustrie vor, sie würde den Frauen in erster Linie Kleider anbieten, die entweder zu erotisch oder zu hausbacken wirken, als dass sie darin genau so ernst genommen werden könnten wie Männer. Gleichzeitig warnte er Frauen davor, Modetrends zu ignorieren, wenn sie geschäftlich erfolgreich sein wollten. Insofern ist es auch wenig verwunderlich, dass die Modeindustrie ihrerseits Molloys Botschaft weitgehend ignorierte. Nichts liegt Herstellern von Bekleidungsartikeln und Schuhen ferner, als Frauen eine schlichte konservative Uniform zu verkaufen. Im Gegenteil, es ist in ihrem finanziellen Interesse, in jeder Saison neue Looks und Designs heraus- und an die Frau zu bringen. Wirklich seriös und professionell sah POWER DRESSING gemäß den Vorstellungen der Modeindustrie denn schließlich auch nur noch oberhalb der Gürtellinie aus: die von Molloy geforderte Uniform wurde reduziert auf ein Jackett mit breiten Schultern, das mit einem kurzen Rock und Stilettos zu kombinieren war. Die meisten Geschäftsfrauen waren allerdings klug genug, sich ihre Stilettos für den Feierabend aufzuheben und entschieden sich dafür, im Büro mittelhohe Absätze zu tragen. Ihnen war klar, dass sie auf der professionellen Ebene nicht ernst genommen würden, wenn sie tagsüber in übertrieben erotisiertem Schuhwerk auftraten.

Diese Einstellung kommt uns nach heutigen Modestandards fast schon wieder antiquiert vor.

Im 21. Jahrhundert tragen Frauen in vielen Wirtschaftbereichen bei der Arbeit jeden Tag sexuell ausgesprochen suggestive Schuhe. Geschlossene Schuhe mit einem tiefen »Zehenausschnitt« sind heute in vielen Büros nichts Ungewöhnliches und gelten kaum noch als anstößig (ein tiefes Dekolleté hingegen schon). In den letzten Jahren wurden die Absätze von Saison zu Saison wieder schmaler und die Zehenkappen spitzer, so dass die Schuhe inzwischen schon fast wieder an die WINKLEPICKERS erinnern, die Anfang der sechziger Jahren modern waren.

2003 verkündete der Designer Manolo Blahnik, seine

neue Schuhlinie würde um 20 Prozent schmaler und spitzer ausfallen als die vorigen Kollektionen, was in Anbetracht der Tatsache, wie schmal und spitz die Schuhe zu diesem Zeitpunkt bereits waren, ziemlich absurd klang.[95] Im Sommer 2009 boten fast alle (nicht-orthopädischen) Schuhgeschäften Modelle an, deren Design es an Bondage- und Fetischelementen keineswegs mangelte. Nine West verkaufte zum Beispiel eine Sandalette, die für diese Saison sehr typisch war: 10-Zentimeter-hoher Absatz, nietenbesetzte, sich diagonal überkreuzende Lederriemen und ein so genannter REAR ZIP ENTRY (»Hintereinstieg mit Reißverschluss« – so die Beschreibung auf der Website der Firma). Das Magazin WOMEN'S WEAR DAILY bezeichnete diesen Stil, die so genannte Kentaro Gladiatorensandalette, als CHEAP THRILL – kurzweiliger Nervenkitzel.[96]

Die Geschichte lehrt uns, dass nichts von ewiger Dauer ist, und so wird auch dieser Trend eines Tages vorübergehen. Es kann allerdings sein, dass er noch eine ganze Weile anhält. »Wenn der derzeitige Spike-Absatz-Wahn anhält,« schreibt Simon Doonan, der Creative Director von Barneys New York , »fürchte ich, dass ich auf meine alten Tage dazu verdammt sein werde, alle meine Liebsten in Rollstühlen herumzuschieben.« Und fügt hinzu: »Na, etwas Gutes hat es ja, wenn man im Rollstuhl sitzt: Man kann dann ›wirklich wahnsinnig pornographische‹ Schuhe anziehen, ohne sich zu verletzen.«[97]

Kapitel 7:
Klüger shoppen: Schöne Schuhe kaufen – gewusst wie

Viele elegante Frauen tragen flache Schuhe oder Schuhe mit niedrigen Absätzen und sehen dabei umwerfend aus. Nicht nur berühmte Modeikonen wie Katharine und Audrey Hepburn und Jacqueline Kennedy Onassis trugen sie, auch modebewusste Frauen unserer Zeit – von Michelle Obama über Carla Bruni-Sarkozy bis zu Kate Winslet, Reese Witherspoon, Sienna Miller und Sofia Coppola – tragen ständig Schuhe mit niedrigem oder ohne Absatz. Sogar Anna Wintour, die Chefredakteurin der US-Vogue, deren Stilettos so legendär sind wie ihre Bobfrisur und Sonnenbrille, wurde schon in flachen Schuhen gesichtet.

Wenn Sie sich als erfahrene Schuhjägerin in ihrem Jagdgebiet mal etwas genauer umschauen, werden Sie wahrscheinlich sogar ziemlich viele Modelle erspähen, die absolut stylisch, unwiderstehlich, traumhaft, einzigartig, hochwertig verarbeitet, und trotzdem – jetzt bitte nicht erschrecken – »gesund und vernünftig« sind. »Der heilige Gral ist ein Schuh, der sowohl dem Auge schmeichelt als auch bequem ist, und es wird inzwischen immer einfacher, solche Schuhe zu finden,« sagt Julian Kershaw, Besitzer des Walk Shop in Berkeley, das erste Fachgeschäfts für Laufschuhe in den USA. »Viele Hersteller liefern heute sowohl Style als auch Komfort.« Und hier kommen die ultimativen Tipps für den erfolgreichen Schuheinkauf:

Kaufen Sie Schuhe, die sie gut tragen können

- Kaufen Sie keine Schuhe im Internet. Gehen Sie in ein richtiges Schuhgeschäft, wo Sie so wie früher noch bedient und beraten werden, sich hinsetzen und die Schuhe auch anprobieren können. Es gibt eine Menge Schuhgeschäfte im ganzen Land, die eine breite Auswahl an modischen und dabei trotzdem bequemen Schuhen anbieten. »Wir bemühen uns immer darum, der Kundin Schuhe zu empfehlen, die sowohl einen hohen Tragekomfort haben als auch umwerfend aussehen«, sagt Brittney Rothweiler, die Einkäuferin für Damenschuhe für THE TANNERY in Boston. »Weil wir so viele Marken führen, kann bei uns jede etwas finden.«
- Da Füße im Laufe des Tages etwas anschwellen, sollten Sie Schuhe möglichst erst nachmittags kaufen.
- Bitten Sie die Verkäuferin, ihre Füße zu messen. Gehen Sie nicht davon aus, dass Sie ihre Schuhgröße kennen. Im Laufe der Jahre verändern sich ihre Füße immer wieder, sie können breiter, länger oder steifer werden. Viele von uns legen mit zunehmendem Alter auch ein paar Kilos zu, weshalb wir um so mehr darauf achten sollten, dass wir Schuhe kaufen, die uns auch wirklich passen, da nun beim Stehen und Laufen noch mehr Gewicht und damit noch mehr Druck auf dem Fuß lastet.
- Um sicherzugehen, dass Sie die richtige Schuhgröße kaufen, stellen Sie sich zu Hause auf ein weißes Blatt Papier und zeichnen Sie die Umrisse ihrer Füße mit einem Stift nach. Nehmen Sie diese Zeichnung mit ins Schuhgeschäft. Das Paar, das Sie kaufen, sollte größer sein als der Grundriss ihres Fußes.

- Finden Sie heraus, wie breit Ihre Füße sind. Viele Frauen kommen gar nicht auf die Idee, dass sie vielleicht Schuhe mit einer größeren Schuhweite brauchen. Zum Teil werden Schuhe in mehreren Weiten angeboten (schmal, normal und weit). Vielleicht brauchen Sie das »weite« Modell (bei dem nicht an der Ferse, sondern im Zehenbereich mehr Platz ist). Wenn Ihr Vorderfuß breiter als Ihre Ferse ist, brauchen Sie vielleicht eine größere Schuhweite. Oder Sie haben eher schmale Füße und bräuchten entsprechend die schmalere Ausführung. Gehen Sie nicht davon aus, dass Sie in den mittelbreiten Standardschuh hineinpassen. Die gute Neuigkeit ist, dass viele Schuhhersteller eine ganze Reihe von Modellen in verschiedenen Weiten anbieten. Die schlechte Nachricht ist, dass Ihr Schuhgeschäft vor Ort nicht alle Maße vorrätig hat. In diesem Fall würde ich eine Ausnahme von der »Kaufen-Sie-nicht-im-Internet-Regel« machen. Wenn Sie die verschieden breiten Ausführungen miteinander vergleichen wollen, bestellen Sie sich am besten gleichzeitig verschiedene Größen oder Breiten desselben Modells und behalten Sie dann das Paar, das Ihnen am besten passt. Lesen Sie sich aber vorher die Widerrufsbelehrungen sorgfältig durch, um sicher zu gehen, dass Sie die anderen Paare auch problemlos wirklich zurückgeben können und erstattet bekommen.
- Auch wenn Ihnen in der Regel Schuhe mit der Standardbreite Medium passen, schauen Sie sich bewusst nach Schuhen um, die vorne breiter und hinten schmaler geschnitten sind. Wenn es in Ihrem Schuhgeschäft solche Schuhe nicht gibt, verlassen Sie schlagartig den Laden.

- In der Regel ist ein Fuß größer als der andere. Kaufen Sie sich Schuhe, die dem größeren der beiden Füße gut passen. Bitten Sie die Verkäuferin, wenn nötig, eine Einlegesohle in den Schuh für den kleineren Fuß einzulegen.
- Probieren Sie, ob Sie vorne genug Platz haben, um mit allen Zehen wackeln zu können. Das geht in der Regel bei Schuhen mit einer runden oder eckigen Zehenkappe, bei spitzen Schuhen geht es meistens nicht. Achten Sie darauf, dass vorne zwischen dem Ende ihres längsten Zehs (meist ist das der große oder der zweite, manchmal auch der dritte Zeh) und dem Schuh mindestens ein guter halber Zentimeter Platz ist.
- »Die Leute probieren meistens nur einen Schuh an und laufen nicht lange genug damit herum, um zu wissen, ob er wirklich passt«, erzählt Danny Wassermann, langjähriger Schuhverkäufer und Besitzer des Tip Top Shoes in New York City. »Wenn Sie die Schuhe zurückgeben können, nehmen Sie sich lieber zwei Paar mit nach Hause und probieren sie in Ruhe aus. Laufen Sie damit in ihrer Wohnung herum, bis Sie wissen, welches Paar ihnen wirklich passt.«
- Achten Sie darauf, dass Ihre Fersen beim Gehen nicht hoch und runter rutschen. Sollten sie es aber tun, bitten Sie eine Verkäuferin, entsprechende Einlegesohlen einzulegen, bis die Schuhe ihnen passen wie angegossen.
- Das Obermaterial sollte weich und atmungsaktiv sein. Die Sohle sollte fest sein, aber ausreichend abgepolstert, um beim Auftreten einen Teil des Stoßes abfangen zu können und den Fuß insbesondere beim Laufen auf Beton und hartem Untergrund zu schützen.

Sie sollte etwas flexibel sein, und insbesondere beim Abrollen im Zehenbereich genügend nachgeben, aber auf keinen Fall so weich, dass man sie umklappen oder »auswringen« könnte.

- Nicht alle Menschen brauchen ein Fußbett oder Einlagen. Wenn Sie jedoch – wie 70 Prozent der Bevölkerung – zu Hyperpronation neigen (bei Hyperpronation knickt der Fuß sehr stark nach innen ein), sollten Sie möglichst Schuhe mit einem eingebauten stützenden Fußbett oder aber maßgefertigte orthopädischen Einlagen beziehungsweise passende gebrauchsfertige Einlagen tragen. Auch wenn Sie umgekehrt eher zu Supination (Hohlfuß) neigen, sollten Sie unbedingt auf ein geeignetes Fußbett achten (siehe Seite 164 zum Thema orthopädische und sonstige Einlagen).
- Suchen Sie sich schon im Schuhgeschäft eine Stelle ohne Teppichbelag, wo sie direkt auf hartem Boden laufen können. Oft haben Schuhgeschäfte einen extra weich gepolsterten Teppichboden. Wenn Sie aber erst wieder draußen auf der Straße sind, werden Sie wahrscheinlich meistens eher harten Boden unter ihren Füßen haben.
- Versuchen Sie nicht Geld zu sparen, indem Sie zu Schnäppchenpreisen Schuhe kaufen, die tatsächlich billig gemacht sind. Wenn Sie hingegen im Schlussverkauf ein Paar herabgesetzte Superqualitätsschuhe finden, die Ihnen richtig gut passen und außerdem gut aussehen, sollten Sie natürlich zuschlagen! Billig verarbeitete Schuhe haben oft zu dünne Sohlen, eine schlechte Polsterung und zu steifes Obermaterial. Meistens haben sie auch weder ein (vernünftiges) Fußbett noch geformte Brandsohlen.

Besser Sie haben ein Paar richtig gut verarbeitete Schuhe als zwei Paar Billigtreter.

- Tragen Sie möglichst nicht jeden Tag dieselben Schuhe, und wenn es geht, auch nicht jeden Tag dieselbe Art Schuh. Erstens vermeiden Sie damit, dass Sie ständig Druck auf bestimmte Stellen Ihrer Füße ausüben, wodurch es zu Schmerzen oder Deformationen kommen kann. Und zweitens können Ihre Schuhe besser Auslüften, wenn Sie Ihnen zwischendurch immer wieder einen Tag Pause gönnen.

Die schlaue kluge gewitzte Sandale

- Wenn es draußen endlich warm ist, sollten Sie so oft wie möglich Sandalen tragen. Sie befreien Ihre Zehen von der Tyrannei der geschlossenen Schuhe, die Sie in der kalten Jahreszeit sowieso immer tragen müssen.
- Achten Sie darauf, dass Ihre Füße in den Sandalen einen guten Halt haben, und dass keine Riemchen die zarte Haut Ihrer Füße einschnüren.
- Suchen Sie sich möglichst Modelle mit vorgeformtem Fußbett, die ihrem Fuß die passende Unterstützung bieten.
- Wenn Sie orthopädische Einlagen tragen, kaufen Sie sich möglichst Sandalen mit herausnehmbarer Innensohle. Ersetzen Sie die Innensohle durch die orthopädischen Einlagen. Vielleicht müssen Sie anschließend die Riemenchen etwas enger oder fester schnallen, um den Höhenunterschied zwischen Ihren Einlegesohlen und den herausgenommenen mitgelieferten Innensohlen der Sandalen auszugleichen.

These Shoes Were Made for Walking… Schuhe, in denen Sie Laufen können

- Kaufen Sie sich für den Alltagsgebrauch möglichst bequeme flache Schuhe mit einer Absatzhöhe von einem bis maximal zweieinhalb Zentimetern.
- Schnürschuhe oder Schuhe mit Klettverschluss sind hierfür am besten geeignet, weil Sie diese nach Bedarf enger oder weiter machen und damit immer optimal an Ihren Fuß anpassen können.
- Wenn Sie regelmäßig Sneakers oder Turnschuhe tragen, verringern Sie das Risiko, im fortgeschrittenen Alter unter starken Fußschmerzen zu leiden, um mehr als 50 Prozent (im Vergleich zu Frauen, die regelmäßig reguläre Damenschuhe tragen).[98]

High Heels tiefer gelegt

- Glauben Sie bloß nicht dem neuesten Schuhhype, demzufolge angeblich erst Absätze mit einer Höhe von 9 cm aufwärts die Bezeichnung High Heels verdient haben. Bleiben Sie lieber auf dem Teppich: Ein Absatz ist niedrig, wenn er maximal 2,5 Zentimeter hoch ist. Ein mittelhoher Absatz hat eine Höhe von 2,5 bis 5 cm. Absätze mit einer Höhe ab etwa 6 Zentimetern gelten per se als hohe Absätze. Und Absätze mit einer Höhe von 10 Zentimetern oder mehr sind idiotisch. Sie brauchen keine Absätze, die höher sind als 5 Zentimeter, um traumhaft langbeinig auszusehen.
- High Heels zwingen Ihre Füße in eine unnatürliche Position. Heben Sie sich Ihre hochhackigen Schuhe

daher für besondere Gelegenheiten auf, und gehen Sie möglichst keine weiten Strecken damit. »Tragen Sie hochhackige Schuhe nie länger als 3 bis 4 Stunden am Stück«, rät Dr. Carol Frey. »Ziehen Sie die Dinger aus, wann immer Sie können. In jedem Fall aber suchen Sie sich Schuhe mit Absätzen, die maximal 6 Zentimeter hoch sind. Das Oberteil sollte möglichst aus butterweichem Leder sein oder ein Webmuster haben, das etwas nachgeben kann, wenn die Füße wärmer werden und sich ausdehnen«.

- Je höher der Absatz, um so größer der Druck, der auf dem Vorderfuß lastet, und umso größer daher die Wahrscheinlichkeit, dass sich Schiefzehen, Schneiderballen, Hammerzehen, Neurome, Hühneraugen oder Schwielen bilden. Eine Studie zur (Fehl-)Belastung der Füße in Absatzschuhen kam zu folgendem Ergebnis: Beim Tragen von Schuhen mit einem 2 cm hohen Absatz erhöht sich der Druck auf die Vorderfußsohle (im Vergleich zu Schuhen ohne Absatz) bereits um 22 Prozent. Bei einem 5 cm hohen Absatz erhöht sich der Druck um 57 Prozent. Und ein 9 cm hoher Absatz erhöht den Druck um 76 Prozent.[99] In einer anderen Studie wurde folgendes berechnet: Wenn man von einem Paar Turnschuhe auf ein Paar Damenschuhe mit einem 7 cm hohem Absatz umsteigt, erhöht sich der Druck auf den Vorderfuß um 110 Prozent.[100] Wie man die Zahlen auch dreht und wendet, den Zehen bleibt dabei offensichtlich nichts erspart.
- Wenn Sie aus beruflichen Gründen während der Arbeit Schuhe mit Absätzen tragen müssen, dann tragen Sie wenigstens Schuhe mit Absätzen, die so niedrig sind wie irgend möglich.

- Suchen Sie sich grundsätzlich möglichst Schuhe mit einer abgerundeten Zehenkappe. Bei Schuhen mit sehr hohen Absätzen sind in der Regel die zehenfreien Modelle, die vorne (etwas) offen sind, noch am bequemsten, die so genannten OPEN-TOE- oder PEEPTOE-Modelle.
- Lassen Sie möglichst die Finger von Schuhen mit einer spitze Zehenkappe, die Ihre Zehen einquetschen. Wenn Sie nun aber unbedingt spitze Schuhe haben wollen, dann achten Sie bitte gut darauf, dass Ihre Zehen im breitesten Teil der Zehenkappe landen, wo sie genügend Platz haben, und dass Ihr Fuß nicht in die Schuhspitze hineingedrückt wird.
- Achten Sie ebenfalls darauf, dass Ihr Vorderfuß beim Laufen nicht nach vorne rutscht. Der Fußballenbereich sollte ausreichend unterpolstert sein, denn auf dem Fußballen lastet das meiste Gewicht, wenn Sie hohe Absätze tragen.
- Nehmen Sie Schuhe mit stabilen, soliden Absätzen – und keine Stilettos.
- Wenn Sie tagsüber oder auf der Arbeit Schuhe mit Absätzen tragen müssen, nehmen Sie sich einfach immer noch ein Paar flachere Schuhe zum Wechseln mit. Dann können Sie zwischendurch wann immer es geht oder direkt nach der Arbeit einfach in die bequemeren Schuhe schlüpfen. Wenn Sie täglich über längere Zeit und ununterbrochen Schuhe mit hohen Absätzen tragen, laufen Sie Gefahr, dass sich auf Dauer Ihre Achillessehnen verkürzen.

Die HALL OF FAME der schlimmsten Schuhe

- Hüten Sie sich vor der Stiletto-Pantolette: Sie können blitzschnell aus diesen Schuhen herausrutschen, sich den Fuß verknacksen oder das Fußgelenk verstauchen. Wenn Sie aber unbedingt solche Schuhe haben wollen, suchen Sie sich auf alle Fälle ein Modell mit einem Riemen über dem Mittelfuß, der Ihren Fuß wenigstens ansatzweise am Schuh befestigt.
- Plateauschuhe sollten eine niedrige oder mittelhohe Sohle haben. In hohen Plateauschuhen verliert man leicht das Gleichgewicht und verstaucht sich die Füße oder bricht sich die Beine. Besonders gefährlich können Sandaletten mit hohen Plateausohlen sein, weil sie die Ferse nicht stabilisieren und damit dem gesamten Fuß keinen Halt geben können.
- Kaufen Sie sich keine Ballerinas – es sei denn, sie haben ein anatomisch vorgeformtes Fußbett beziehungsweise sie haben herausnehmbare Innensohlen oder sind groß genug, dass Sie Ihre eigenen orthopädischen Einlagen hineinlegen können. Bei Schuhen mit ganz flachen Sohlen besteht oft die Gefahr, dass die Füße auf festem Boden nach innen abknicken. Wenn Sie nun aber auf Ballerinas mit platten Knäckebrotsohlen stehen, kaufen Sie sich welche mit einem Riemen über dem Mittelfuß à la MARY JANE, die den Fuß zumindest etwas stabilisieren. Wenn Sie lange Hosen dazu anziehen, sieht die Riemchen ja keiner.
- Heben Sie sich Ihre Flipflops, Badelatschen und Schlüpfschuhe für den Strand oder fürs Schwimmbad auf, und laufen Sie darin möglichst keine langen Strecken. Sie könnten sich sonst leicht eine

Sehnen- oder Fußsohlenentzündung zuziehen. »Sie sollten in Flipflops wirklich nicht lange herumlaufen, es sei denn, Sie kommen gerade von der Pediküre und sind auf dem Weg nach Hause«, rät Dr. Johanna Youner. »Allein Flipflops haben in den letzten Jahren wahrscheinlich mehr Fußprobleme verursacht als die meisten anderen Schuhtypen«, warnt Dr. Rock Positano. Das Problem mit Flipflops und Schlüpfschuhen ist, dass »die Füße darin in so ziemlich jede Richtung ausweichen, abdrehen, umknicken oder wegrutschen können, so dass sie es dem Fuß nahezu unmöglich machen, seine Stoßdämpferfunktion zu erfüllen.«[101]

- Seien Sie vorsichtig mit Sandalen oder Schuhen, die mit dem Versprechen beworben werden, dass sie zur Gewichtsreduzierung beitragen oder ihre Waden-, Oberschenkel- und Gesäßmuskulatur kräftigen. Eine sehr beliebte Flipflop-Marke behauptet von sich, sie hätten »die Schuhe mit dem eingebauten Fitnessstudio« erfunden. Angeblich können Sie mit diesen Schuhen beim Gehen nebenbei auch ihr »Workout« absolvieren. Da spricht das Marketing – nicht die Medizin. Für alle Flipflops, auch für die mit dicken Sohlen und anatomischem Fußbett, gilt, dass sie dem Fuß keinen festen Halt geben und daher immer nur für sehr kurze Zeit getragen werden sollten.
- Auch die Schuhe mit so genannten »Schaukelstuhlsohlen« sind nicht für alle Menschen geeignet. Es wird behauptet, dass sie die Gesäßmuskulatur trainieren, die Körperhaltung korrigieren und bei Fuß-, Knie- und Rückenproblemen helfen können. Es handelt sich dabei um relativ klobige Schuhe mit einer massiven,

abgerundeten Sohle, auf der der Fuß – ähnlich wie auf den Kufen eines Schaukelstuhls – bei jedem Schritt abrollen muss. »Diese Schuhe sind für eine ganz bestimmte Patientengruppe wirklich sehr gut«, sagt Dr. Yourner. »Ich wäre aber vorsichtig mit der Behauptung, dass sich diese Schuhe auch generell für den alltäglichen Gebrauch und zur Steigerung der Fitness eignen. Sie helfen sicherlich, die Rückseite der Beine zu dehnen. Allerdings kann das unter Umständen bei falschem Gebrauch auch zu Sehnenentzündungen führen. Sie sollten daher lieber erst ihre Orthopädin fragen, ob Sie Ihnen diese Schuhe empfehlen würde.

- Tragen Sie zu Hause keine dünnen Slippers. Tragen Sie lieber Schuhe mit einem guten, stützenden Fußbett. Es spielt keine Rolle, ob Sie solche Schuhe furchtbar hässlich finden. Wenn Sie alleine zu Hause sind oder mit Ihrer Familie, achtet sowieso niemand darauf, was Sie für Schuhe anhaben. Sofern Sie keine speziellen Fußprobleme haben, sind in der Regel Clogs oder andere pantoffelartige Schlüpfschuhe, die hinten offen sind (und in die Sie genauso leicht reinschlüpfen können wie in rutschige Slippers), mit anatomischem Fußbett eine gute Wahl.
- Weiche Schaffellstiefel und Mokassins sind bequem und kuschelig – erst einmal. Aber sie haben viel zu weiche Sohlen, und damit überanstrengen sie die Füße und Fußgelenke beim Gehen auf hartem Untergrund. Legen Sie also entweder stabile Einlagen ein, die das Fußgewölbe stützen (siehe Seite 164), oder heben Sie sich diese Kuschelschuhe fürs Faulenzen auf, wenn Sie nirgendwo mehr hingehen müssen und einfach nur mollig warme Füße haben wollen.

Passen Sie Ihre Schuhe Ihren Füßen an

- Wenn Sie ein paar schicke hohe Schuhe haben, die Sie vergöttern, und auf die Sie um keinen Preis der Welt verzichten wollen, obwohl Sie Ihnen unsägliche Schmerzen zufügen, dann ändern Sie sie ab. Diejenigen, die das nötige Kleingeld haben, um sich für 250 US-Dollar eine »Schuh-OP« zu leisten, können sich ihre Lieblingsschuhe bei Eneslow, dem New Yorker Foot Comfort Center ihrem Fuß anpassen lassen, bis sie (fast) so gut sitzen wie ein Paar maßgeschneiderte neue Schuhe. Die Schuhtechniker bei Eneslow nehmen Ihre fertigen Schuhe und nehmen daran ein paar Änderungen vor, um zum Beispiel mehr Platz für die Zehen einzubauen, die Absatzneigung zu reduzieren oder den Druck auf den Fußballen zu mindern. Suze Yalof Schwartz, die Chefin der Moderedaktion des Magazins Glamour, brachte ein Paar goldene Manolo-Blahnik-Stilettos zur Generalüberholung zu Eneslow. Die Schuhe wurden dort um 2 Zentimeter geweitet, mit einer Brandsohle aus viskoelastischem Schaum ausgestattet, am Absatz um einen halben Zentimeter gekürzt, und mit einer dickeren Sohle versehen. Frau Schwartz erzählte, die Veränderungen waren optisch praktisch nicht zu erkennen, aber ihre Lieblingsschuhe, die sie nie getragen hatte, weil ihr darin nach spätestens zehn Minuten die Füße weh taten, fühlten sich jetzt toll an. Wenn Sie sich diese Schuhanpassung einmal anschauen möchten, gehen Sie auf: *http://www.glamour.com/fashion/blogs/slaves-to-fashion/2009/08/shoe-makeovers-say-au-revoir-t.html*.

- Vielleicht haben Sie aber auch einen guten Schuster in ihrer Nähe, zu dem Sie Ihre Schuhe bringen können, und der in der Lage ist, die Zehenkappe auszudehnen, um den Vorderfußbereich zu weiten, den Absatz einen Zentimeter kürzer zu machen und Ihnen eine vernünftige Polsterung einzubauen. Wenn Sie keinen guten Schuster kennen, fragen Sie einfach in einem Luxusschuhgeschäft in Ihrer Stadt nach, wo diese Ihre Schuhe hinbringen, wenn Reparaturen anfallen.
- Es gibt aber auch preiswertere Alternativen. Gehen Sie einfach in ein Schuhgeschäft, zu einem Schuster, in eine Drogerie oder in ein Sport- oder Outdoor-Geschäft, da werden Sie ein breites Sortiment an bezahlbaren gebrauchsfertigen Schuheinlagen finden. Wenn Ihre Fußballen schmerzen, versuchen Sie es mal mit einem Mittelfußknochenpolster aus Gel, Schaum oder Moleskin. Wenn Sie Einlagen für High Heels oder Sandalen brauchen, besorgen Sie sich extradünne Pads zum Einkleben (z.B. von Solemate: *www.highheelshurt.com* oder Scholl *www.scholl-fusspflege.de*). Wenn Ihnen eher die Fersen wehtun, legen Sie Fersenpads ein. Wenn der Fersenabschluss allerdings zu weit ist und Sie mit der Ferse immer aus dem Schuh herausrutschen, versuchen Sie es mit Ferseneinlagen oder Fersenpolstern. Es gibt auch spezielle Polster für Füße mit Ballenentzündungen oder Schwielen. Sie müssen einfach ein bisschen herumprobieren, um herauszufinden, was für Sie am besten ist. Grundsätzlich aber gilt: Die Schuhe, die Sie an Ihre Füße anpassen wollen, dürfen nicht zu eng sein, sonst passen keine Einlegesohlen mehr hinein. Sie können sich – statt Ihre Schuhe nachträglich mit Polstern

oder Pads auszurüsten – auch optimal gepolsterte Einlegesohlen mit Fußbett kaufen. Wenn Sie diese zum Shoppen mitnehmen, können Sie Ihre neuen Schuhe gleich mit Einlegesohlen anprobieren BEVOR Sie sie kaufen.

Rockschuhe oder Hosenschuhe?

- Ziehen Sie Schuhe mit niedrigen Absätzen an, wenn Sie Hosen tragen. Wenn Ihre Hose lang genug ist, können Sie sowieso den Großteil Ihrer Schuhe unter dem Hosenbein verstecken. Lassen Sie also Ihre hochhackigen Schuhe einfach im Schrank, wenn Sie in Hosen ausgehen – es sei denn, Sie gehen zu einem ganz besonderen Event oder zu einem exklusiven Modegipfel. Auch wenn viele Frauen glauben, in hochhackigen Schuhen attraktiver zu sein, ist es noch lange keine Rechtfertigung, Ihre Füße einem solchen Gesundheitsrisiko auszusetzen.
- Heben Sie sich Ihre schmalen Schuhe mit den hohen Absätzen für die Tage oder Nächte auf, an denen Sie Kleider oder Röcke tragen. Breite, klobigere Schuhe können Sie gut zu Röcken mit einer A-Linie oder zu weit ausgestellten Röcken tragen, während zierlichere Schuhe mit etwas höherem Absatz am besten zu Outfits mit einem Bleistiftrock passen. Für den alltäglichen Gebrauch eignen sich hingegen eher Schuhe mit Kitten Heels (Pfennigabsätze) mit einer Höhe von 3,5 bis 5 Zentimetern und runder Zehenkappe oder auch niedrige bis mittelhohe Schuhe mit einer Plateausohle oder einem Keilabsatz.

Maßgeschneiderte orthopädische Einlagen oder Standardeinlagen aus dem Schuhgeschäft?

Vor der Industriellen Revolution, als die Schuhe noch von Hand gefertigt wurden, stellten Schuhmacher maßgefertigte Schuhe her, die sie gewissermaßen um die Füße der Trägerin herum bauten. Wenn nötig wurden die Schuhe im Einzelfall auch mit einer integrierten Stütze für das Fußgewölbe ausgestattet. Heutzutage aber, wo Schuhe Massenware sind, müssen wir uns unsere Schuhe selbst »maßschneidern«, indem wir die fertigen Schuhe mithilfe von Einlegesohlen an unsere Füße anpassen.

Eine orthopädische Einlage ist eine maßgeschneiderte Schuheinlage. Sie gehen zunächst zu einer Orthopädin, die Ihre Füße vermisst und einen Abdruck oder Abbild Ihres Fußes erstellt – dies geschieht mit Hilfe eines Trittspurkastens oder per digitaler Fußdruckmessung mit Hilfe eines Flachbettscanners. Das Ganze dauert nur ein paar Minuten.

Anschließend werden anhand des Abdrucks in einem Labor speziell auf Ihre Bedürfnisse abgestimmte Einlagen hergestellt. Ihre Ärztin händigt sie Ihnen dann aus und erklärt Ihnen, wie und wie oft sie diese tragen sollen.

Orthopädische Einlagen bestehen aus festem Material mit einer gepolsterten Auflage. Sie werden in den Schuh eingelegt und der Fuß kommt dann oben drauf. Anfangs wird sich das vielleicht etwas ungewohnt anfühlen, so als ob »da etwas in Ihrem Schuh ist«, aber da gewöhnen Sie sich schnell dran.

Nicht alle Menschen brauchen orthopädische Einlagen. Verschrieben werden sie in erster Linie bei Hallux valgus in

Kombination mit Überpronation oder für Menschen mit einem extrem dünnen Fettpolster auf der Fußsohle.

Damit die orthopädischen Einlagen auch Ihre Wirkung entfalten können, sollten Sie sie in Schuhe einlegen, deren Absätze auf keinen Fall höher sind als 5 Zentimeter – optimal sind 2 bis 3 Zentimeter hohe Absätze.

Das Gute ist: orthopädische Einlagen halten ein paar Jahre. Das Blöde ist: Sie sind ziemlich teuer. Wenn Sie nicht von der Kasse bezahlt werden, kosten Sie ein paar Hundert Dollar. Erkundigen Sie sich daher am besten, ob Ihre Kasse die Kosten übernimmt.

Neben den maßgeschneiderten orthopädischen Einlagen gibt es aber auch zum Teil sehr gute anatomisch geformte Standardeinlagen. Brauchbare Einlagen finden Sie in Sport- oder Laufschuhgeschäften, in Outdoorläden oder im Internet. Dr. Johanna Youner empfiehlt Einlagen von Marken wie Superfeet, Spenco oder Powerstep. Zu empfehlen sind ferner die POSTURE CONTROL INSOLES von der Firma Posture Dynamics, die man auch online bestellen kann (*www.mortonsfoot.com*). Auch Dr. Scholl stellen gute Einlagen her, die Sie in Drogerien finden können. Einlagen werden unter verschiedenen Bezeichnungen geführt. Standardeinlagen sind wesentlich preisgünstiger als orthopädische Einlagen – in der Regel kosten Sie so um die 30 bis 50 Dollar (in Deutschland bereits ab ca. 15 Euro erhältlich), halten allerdings meist auch nur ein paar Monate und sollten immer wieder mal ausgewechselt werden.

Die Paar-Hundert-Dollar-Frage: Brauchen Sie unbedingt maßgeschneiderte orthopädische Einlagen oder tun es vielleicht auch ein Paar Standardeinlagen? Dazu meint Dr. Carol Frey: »Sie können ruhig erst einmal mit guten Standardeinlagen anfangen. Es gibt da inzwischen zum

Teil schon sehr brauchbare Produkte, mit denen können Sie es zunächst einmal probieren.« Und Dr. Yourner ist der Meinung, dass Sie meistens »nicht unbedingt orthopädischen Einlagen brauchen, außer Sie haben ein ernsthaftes Fußproblem oder Sie sind Laufsportlerin. Sie sind einfach zu teuer und in High Heels können Sie sowieso keine orthopädischen Einlagen tragen.«

In einer neuen, im Juni 2009 angekündigten Vergleichsstudie, die von der American Podiatric Medical Association (Amerikanischer Verband der Fachärzte für Fußerkrankungen und Fußchirurgie) gesponsert wird, soll über einen Zeitraum von drei Jahren die Wirksamkeit von orthopädischen und Standardeinlagen in der Behandlung von Fersenleiden erforscht und verglichen werden. Dies ist die erste Studie dieser Art, in der gemessen wird, wie spezifische Fußtypen – zum Beispiel Füße mit hohem oder flachem Fußgewölbe – auf orthopädische und nicht rezeptpflichtige Einlagen ansprechen.[102]

Ich persönlich neige zu Hyperpronation und habe bereits Hallux valgus. Mein Ziel ist es, durch eine Veränderung der Biomechanik meines Gangs eine weitere Verschlimmerung meiner Ballenzehen zu vermeiden oder dieser zumindest entgegenzuwirken. Ich habe mich für orthopädische Einlagen und gegen die Standardeinlagen entschieden. Diese sind zwar deutlich teurer, halten dafür aber auch wesentlich länger, das heißt im Endeffekt ist der Preisunterschied gar nicht so groß – man muss allerdings natürlich für diese Anschaffung erst einmal ziemlich tief in die Tasche greifen.

Zu Hause trage ich meine orthopädischen Einlagen immer. Statt Slippers trage ich hinten offene Ledersandalen mit dicken Lederriemen über dem Mittelfuß, die ich mit den Klettverschlüssen genau an meine Füße anpassen kann. Die

Schuhe hatten ursprünglich ein herausnehmbares Fußbett, das ich gleich herausgenommen habe. Die orthopädischen Einlagen gehen aber nur von der Ferse bis kurz vor den Zehenbereich. Deswegen habe ich mir in der Drogerie eine paar billige, flache, weiche Einlegesohlen gekauft, habe den Vorderfußbereich abgeschnitten, und dieses Stück Sohle vorn in die Sandalen hineingelegt, damit auch meine Zehen auf einer weichen Fläche aufliegen können.

Wenn ich aus dem Haus gehe, versuche ich zumindest die Hälfte der Zeit meine orthopädischen Einlagen zu tragen. Das ist manchmal etwas schwierig. Zwar passen die orthopädischen Einlagen meist problemlos in Schuhe, die etwas sportlicher aussehen – oft will ich aber etwas elegantere Schuhe anziehen, besonders wenn ich Kleider oder Röcke trage. Wenn ich also Schuhe trage, in die meine orthopädischen Einlagen nicht hineinpassen, nehme ich meistens welche mit einem eingebauten Fußbett. Meine ganz und gar nicht orthopädisch korrekten, fußbettlosen High Heels (mit maximal 6 Zentimeter hohen Absätzen) hebe ich mir für besondere Anlässe auf, wo ich sie dann auch nur ein paar Stunden am Stück trage – vielleicht zwei- oder maximal dreimal pro Woche.

Ob Sie sich nun für orthopädische oder andere Einlagen entscheiden – ein paar Dinge sollten Sie auf jeden Fall wissen:

- Für unterschiedliche Schuhtypen brauchen Sie unterschiedliche orthopädische bzw. Standardeinlagen. Für Sneakers brauchen Sie breitere Einlage, für Damenschuhe eher schmalere. Ich selbst habe drei Paar orthopädische Einlagen: eins für Sneakers und breitere Laufschuhe, eins für schmale Stiefel mit (maximal 5 Zentimeter hohen) Absätzen, und eines für mittelbreite

Schuhe. Als ich zu meinem Orthopäden gegangen bin, um meine Füße vermessen zu lassen, habe ich gleich mehrere Paar Schuhe und Stiefel mitgebracht, und er hat meine Schuhe dann zusammen mit den Abgüssen von meinen Füßen ins Labor geschickt. (Ja, ich habe sie alle wiederbekommen.)

- Am besten funktionieren orthopädische oder andere Einlagen in Schuhen mit herausnehmbaren Brandsohlen: da können Sie die Brandsohlen einfach gegen die Einlagen austauschen. (Andernfalls – wenn Sie die Einlagen einfach auf die bestehende Brandsohle legen – kann es passieren, dass im Innenschuh zu viel Höhe entsteht, so dass Ihr Fuß beim Gehen dann aus dem Schuh herausgeschoben wird.) Wenn Ihre Einlagen nicht die ganze Fußsohle abdecken (sondern zum Beispiel kurz vor dem Zehenbereich aufhören), können Sie die herausnehmbare Brandsohle des Schuhs nehmen, den von den Einlagen nicht abgedeckten Bereich abschneiden, und dieses Stück dann zusammen mit den Einlagen wieder in den Schuh legen – so ist die ganze Fußsohle einfach unterlagert. (Wenn Sie das nicht selber machen wollen, können Sie ja auch zu einer geschickten Schusterin gehen und sie darum bitten.) So können Sie auch den Bereich Ihrer Fußsohle unterfüttern, der nicht von den Einlagen abgedeckt wird.
- Um Ihre Einlagen richtig in Ihren Schuhen zu platzieren, müssen Sie sie hinten gegen den Fersenabschluss schieben, damit sie dort anliegen. Sie brauchen also Schuhe mit geschlossener Ferse. Bei Schuhen oder Sandalen, die hinten offen sind, können Sie Einlagen nur einpassen, wenn diese

eine herausnehmbare Brandsohle haben. Wenn die Brandsohle nicht herausnehmbar ist, haben Sie wahrscheinlich Pech gehabt: Selbst wenn es Ihnen gelingt, die Einlagen in die Schuhe einzufügen, kann es passieren, dass Sie dann beim Gehen nach oben herausrutschen – es sei denn, Sie haben trotzdem einen guten Halt in den Schuhen oder zumindest einen stabilisierenden Riemen über den Mittelfuß.

- Je enger der Schuh, umso schwieriger wird es, darin eine Einlegesohle unterzubringen. Eine Möglichkeit ist, die Schuhe eine halbe Nummer größer zu nehmen. Oder aber Sie heben sich Ihre engeren Schuhe für besondere Gelegenheiten auf, wo Sie ausnahmsweise mal auf Ihre orthopädischen Einlagen verzichten.
- Pumps und Ballerinas ohne Riemen über den Mittelfuß können Sie in der Regel nicht mit Einlagen tragen. Besser sind alle Arten von Schuhen, in denen Ihr Fuß Halt hat, insbesondere Schnürschuhe, aber auch Schuhe im Mary-Jane-Stil mit einem Riemen über den Spann, Stiefel und auch Sandalen mit (vorzugsweise) verstellbaren Riemen, die verhindern, dass Ihr Fuß aus dem Schuh rutscht.
- Probieren Sie es einfach aus, und nehmen Sie sich vor allem Zeit, wenn Sie neue Schuhe kaufen, um in Ruhe abzuwägen, ob die Schuhe wirklich für Sie geeignet sind oder nicht. Nehmen Sie Ihre Einlagen gleich mit ins Schuhgeschäft, dann können Sie die Schuhe direkt mit Einlagen anprobieren. Diese neue Art, Schuhe shoppen zu gehen hat einen Vorteil: Sie bewahrt Sie vor der Versuchung, Spontankäufe zu tätigen, die Sie später bereuen.

Hersteller, die ich Ihnen empfehlen kann

Es wird immer leichter, »fußfreundliche« Schuhe zu finden, die gar nicht gesund aussehen, sondern stilistisch durchaus an »verbotenes Schuhwerk« erinnern. Insbesondere die unten aufgeführten Marken bieten inzwischen (auch) qualitativ hochwertige Schuhe an, die sowohl fußfreundlich als auch stylisch sind. Die meisten von ihnen stellen übrigens Schuhe in verschiedenen Weiten her – von schmal bis extrabreit. Fragen Sie danach.

Aerosoles	Ecco	Ferragamo
Anyi Lu	Finn Comfort	Paul Green
ARA	Duckfeet	Rieker
Arche	Gabor	Sanita
Ara	Geox	Scholl
Arcopedico	Helle Comfort	Söfft
Beautifeel	Keen	Stuart Weitzman
Birkenstock	Mephisto	Taryn Rose
Bruno Maglu	Merrell	Thierry Rabotin
Born	Munro	Think!
La Canadienne	Naturalizer	Trippen
Clarks	Naot	Wolky
Cole Haahn	Oh! Shoes	
Dansko	Prada	
Donald Piper	Rieker	
Donald Pliner	Rockport	
Easy Spirit	Salvatore	

WARUM SIND SCHUHE VON BERÜHMTEN DESIGNERN SO UNVERSCHÄMT TEUER?

Ich habe verschiedene Leute gebeten, mir den enormen Preisunterschied zu erklären zwischen teuren Designerschuhen, zum Beispiel von Stuart Weitzmann (die um die 250 bis 350 Dollar kosten), und astronomisch teuren Schuhen von Leuten wie Jimmy Choo, Manolo Blahnik oder Christian Louboutin (ca. 600 bis 1.200 Dollar). Kriegt man denn für so viel mehr Geld tatsächlich auch so viel bessere Schuhe?

Dr. Johanna Yourner:
»Schuhe von Jimmy Choo und Manolo sind aus edleren Materialien gefertigt, aber sie sind definitiv nicht bequemer als Schuhe von Stuart Weitzman. Ich habe vor Jahren mal ein Paar 10 Zentimeter hohe Manolo Blahniks geschenkt bekommen. Die habe ich erst kürzlich bei einem beruflichen Anlass getragen. Nach einer Stunde habe ich sie ausgezogen und in meine Tasche gesteckt. Die waren alles andere als bequem. Sie sind äußerst elegant. Meine Füße sahen traumhaft aus. Aber nach einer Stunde bin ich fast gestorben.

Die Kollektionen von Stuart Weitzman sind zum Teil sehr funktional – mit hohen und breiten Zehenkappen. Die kann man gut jeden Tag tragen. Sie kosten zwar ein paar Hundert Dollar, aber so viel Geld musst du ausgeben, wenn du ein Paar bequeme High Heels haben willst.«

Eine 44-jährige Designerschuhträgerin:
»Meine Füße fühlen sich irgendwie sicherer in Luxusdesignerschuhen, selbst wenn sie gefährlich hoch sind. Sie fühlen sich einfach geborgener. Aber vielleicht liegt das auch nur

daran, dass ich mir einbilde, dass sie darin besser aufgehoben sind. Wenn ich ein paar Stunden damit herumlaufe, fangen meine Füße so sehr an zu schmerzen, dass ich das Gefühl habe, ich kann nicht einen Schritt weitergehen. Vielleicht besteht da auch gar nicht so ein großer Unterschied zwischen ein Paar 300-Dollar-Schuhen und den 900-Dollar-Schuhen. Vielleicht ist man ja einfach nur besonders beschwingt, wenn man solche fantastischen Schuhe hat.«

Eine 26-jährige Frau mit Schuhtick:
»Ich habe es mir selbst nie erlaubt, mir Designerschuhe zu kaufen, weil die so unglaublich teuer sind. Aber dann hatte ich ein Auge auf ein Paar flache goldene Designerschuhe geworfen, und meine Mutter kaufte sie mir als Geschenk. Ich war so aufgeregt. Ich habe sie dreimal getragen und dann dachte ich, ich muss sterben. Meine Füße fühlten sich an, als würden sie brennen – auf den Seiten und an den Zehen. Ich war überrascht, weil ich gedacht hätte, dass das Superqualitätsschuhe sind.«

Elizabeth Semmelhack, Autorin von HEIGHTS OF FASHION und Direktorin des Bata Schuhmuseums in Toronto:
»Wenn du ein Paar 1.200 Dollar teure Stella McCartneys kaufst, dann bekommst du dafür für 1.200 Dollar sozialen Status. Der Wert dieser Schuhe besteht nicht darin, dass sie bequem sind oder lange halten. Du kaufst dir mit diesen Schuhen ein – vergängliches – soziales Ansehen im Wert von 1.200 Dollar. Vergänglich deshalb, weil es nur eine Saison hält. In der nächsten Saison musst du dir wieder ein neues Paar kaufen.«

Verstehen Sie mich nicht falsch. Wenn ich Ihnen empfehle, sich noch einmal gut zu überlegen, welche Schuhe Sie wirklich tragen wollen, dann möchte ich Ihnen mitnichten raten, sich »gehen zu lassen« im Namen der Bequemlichkeit oder dass es eigentlich egal ist, was für Schuhe sie tragen, weil doch im Grunde »nur die inneren Werte zählen«. Keineswegs. Ich bin davon überzeugt, wenn man sich Mühe gibt, angenehm auszusehen, ist das ein Zeichen von Respekt sowohl sich selbst als auch anderen gegenüber.

Ich möchte lediglich Folgendes zum Ausdruck bringen: Wenn Sie sich Schuhe aussuchen, die Sie tagsüber tragen wollen, dann schränken Sie sich nicht ein, indem Sie an einer zu engen Vorstellung davon festhalten, was »hübsch« oder »sexy« oder «umwerfend« ist. Werfen Sie einen frischen Blick auf die Dinge. Denken Sie noch einmal darüber nach und erweitern Sie Ihren Blickwinkel.

Sie wollen Ihre superschicken, fantastischen, fetischistischen Schuhe anziehen? Kein Problem. Aber heben Sie sich diese für besondere Gelegenheiten auf. Tragen Sie sie sparsam und mit Bedacht.

»Es sind viele Emotionen mit im Spiel, wenn man sich ein Paar Schuhe kaufen will, in die man sich verliebt hat, und da kann man schon mal die Kontrolle verlieren«, sagt Robert Schwartz, Vorsitzender und Geschäftsführer von Eneslow. »Aber irgendwann im Leben kommst du vielleicht an einen Punkt, wo dir klar wird, dass es viel Wichtiger ist, wie du dich in deinem Körper fühlst und nicht nur auf der emotionalen Ebene, und dazu gehört auch, dass du überlegst, wie du dein gesamtes Körpergefühl, deine Körperhaltung und Aufrichtung verbessern kannst, um dich wohler zu fühlen. Wenn du an diesen Punkt gekommen bist, bist du stark. Dir wird klar, dass es dir in deiner Sexualität jetzt weniger darum geht, Männer dazu zu bringen, dass sie deine Schuhe bemerken, und mehr darum, was deine Augen ausdrücken. Dann wirst du dich großartig fühlen und in dem Moment wertest du auch dein eigenes Selbstwertgefühl auf.«

Wenn eine Frau frisch und gepflegt, mit einem übermütigen und zugleich absolut souveränen Gang auftritt, hat sie eine Kraft, die niemand unterschätzen wird. Sie ist eindeutig nicht sexy, wenn sie in Schuhen daher gehumpelt kommt, in denen sich ihre Zehen zu einem Bündel Krallen zusammenquetschen. Ja, es stimmt, dass tolle Schuhe ein einfaches Outfit in einen sensationellen Look verwandeln können. Aber Sie können genauso gut auch mit anderen visuellen Reizen arbeiten – und Ihr Outfit einfach mit einem knalligen Schal, einer massiven Halskette, einem engen Gürtel um die Taille oder fetten Ohrringen aufpeppen – oder aber (besser noch) mit einem Lächeln, das der Welt sagt, dass Sie sehr gut auf sich selbst achten können, und dass SIE wissen, dass Sie zauberhaft aussehen.

Wenn Sie einen kühlen Kopf bewahren, bleiben Ihre Füße in Topform und werden Sie tragen, wohin Sie wollen. Was auf der Welt könnte verführerischer sein?

Literaturverweise und Anmerkungen

1. Odell, Amy, »Two Models Fall, Many Stumble at Prada«, in: NEW YORK, 24.09.2008.
2. StyleCaster, »Brian Reyes Fall 2009: Not So Well-Heeled«, 19.02.2009.
3. Armstrong, Lisa, »Head Over Heels: Bigger Is Better For This Season's Crop of Over-The-Top Stilettos and Other Teetering Treasures«, in: HARPER'S BAZAAR, März 2009, 241.
4. Talley, André Leon, »Keep It Short«, online auf: VOGUE.COM, 10.06.2009.
5. Die Umfrage wurde von Kelton Research für die APMA (amerikanische Vereinigung für medizinische Podologie) durchgeführt und umfasste 500 Frauen. Zitiert in: »The Secret Is Out: We Can See Your Feet«, NEW YORK TIMES, 06.08.2009.
6. Studie der APMA zum Thema Fußkrankheiten, Januar 2009. Die Ergebnisse sind auf *www.apma.org* einzusehen.
7. Coughlin, Michael J., »Women's Show Wear and Foot Disorders«, in: WESTERN JOURNAL OF MEDICINE, Dezember 1995, 163.6., 569-570.
8. Tribble Add Agency, »Flip Flops«, 05.11.2007.
9. Copeland, Glenn, DPM, Solomon, Stan, Myerson, Mark, MD, THE GOOD BOOK: A GUIDE FOR MEN, WOMEN, CHILDREN, ATHLETES, SENIORS – EVERYONE, Alameda: Hunter 2005, 185.
10. AOFAS POSITION STATEMENT, »Cosmetic Foot Surgery«, online auf: *www.aofas.org*.
11. APMA HIGH HEELS SURVEY, 2003. 503 Frauen im Alter von 18 Jahren und älter wurden telefonisch befragt, um Informationen einzuholen. Ergebnisse online auf: *www.apma.org*.
12. AOFAS POSITION STATEMENT, »Women's Shoes and Foot Problems', online auf: *www.aofas.org*.
13. Imelda Marcos, die Ehefrau des philippinischen Diktators Ferdinand Marcos, musste sich nie darum sorgen, die passenden Schuhe zu ihrem Outfit zu finden. Als Marcos Regime im Jahre 1986 gestürzt wurde, entdecke man eine Sammlung von insgesamt 2700 Paar Designerschuhen.
14. In einem anderen Kontext symbolisieren leere Schuhe ein Horrorszenario. Die Fotos von Bergen von Schuhen, die jüdischen Menschen und Angehörigen anderer Minderheiten weggenommen

wurden, die während des Holocaust von den Nazis vergast und verbrannt wurden, haben so eine starke Wirkung, weil wir uns die Menschen, denen diese Schuhe einmal gehörten, gut vorstellen können. Offensichtlich wurden diese Schuhe von wirklichen Frauen, Männern und Kindern getragen, von denen wir wissen, dass sie systematisch ermordet wurden. Ein Foto von einem Berg Hosen oder Hemden der Opfer würde auch Entsetzen auslösen, hätte jedoch nicht die gleiche Wucht. Das liegt daran, dass Hosen und Hemden die Form verlieren, wenn sie ausgezogen sind; sie rufen nicht dieselbe körperliche Wahrnehmung der Trägerin oder des Trägers hervor. Mehr zu diesem Thema findet sich in Jeffrey Feldmans hervorragendem Essay »The Holocaust Shoe: Untying Memory: Shoes as Holocaust Memorial Experience«, in Jews and Shoes, hg. von Edna Nahshon, Oxford/New York: Berg 2008, 119-130. Leere Schuhe werden auch strategisch eingesetzt, um eine politische Aussage zu machen und Entsetzen angesichts des Verlusts von Menschenleben hervorzurufen. 1994 wurden in Washington, D.C. 40 000 Schuhpaare um das Wasserbecken vor dem Kapitol aufgereiht, um ein Zeichen für die Menschen zu setzen, die jährlich durch Schüsse sterben – durch Mord, Selbstmord oder Unfälle. In Frankreich wurden Tausende leerer Schuhe in Pyramiden aufgestapelt, um ein Bewusstsein dafür zu schaffen, dass Hunderttausende Zivilisten durch Landminen getötet werden.

15. Zitiert von Courtney Rubin, »Sarah Jessica Parker Has Stiletto Woes«, 02.08.2007.
16. Shoeblog.com, »I'Ve Got A Bone To Pick With You, SJP«, 12.03.2009.
17. New York Radical Women, »No More Miss America«, in: Dear Sisters: Dispatches From the Women's Liberation Movement, hg. von Rosalyn Baxandall und Linda Gordon, New York: Basic, 2000, 184.
18. Karp, Marcelle, Stoller, Debbie, The Bust Guide to the New Girl Order, New York: Penguin, 1999, 3, 6.
19. Karp und Stoller, 43, 47.
20. Als Beispiel siehe Hedrick, Tace, »Are You a *Pura Latina*? Or, Menudo Every Day: *Tacones* and Symbolic Ethnicity«, in: Footnotes: On Shoes, hg. von Shari Benstock und Suzanne Ferriss, New Brunswick und London, Rutgers University, 135-155.
21. Bernhard, Sandra, Leibovitz, Annie, »Why High Heels?«, New Yorker, 26.02.1996, 192, online auf: www.newyorker.com.
22. »Feet Hurt? Stop Wearing Shoes«, National Public Radio, 22.04.2008, Mitschnitt online auf: www.npr.org.

23. Frey, Carol, »Foot Health and Shoewear for Women«, Clinical Orthopaedics and Related Research, Bd. 372, März 2000, 32-44.
24. Copeland und Solomon, 17-18.
25. Kerrigan, D. Casey, Todd, Mary K., O'Riley, Patrick, »Knee Osteoarthritis and High-Heeled Shoes«, Lancet, 09.05.1998, 351: 1399-1401; Kerrigan, D. Casey, Johansson, Jennifer L., Bryant, Mary G., »Moderate-Heeled Shoes and Knee Joint Torques Relevant to the Development and Progression of Knee Osteoarthritis«, Archives of Physical Medicine and Rehabilitation, Mai 2005, 86.5: 871-875.
26. Frey, Carol, Thompson, Francesca, Smith, Judith, »American Orthopedic Foot and Ankle Society Women's Shoe Survey«, Foot and Ankle International, 1993, 14.2: 78-81.
27. Angier, Natalie, »Many Women Buy Foot Trouble with Fashionable High Heels«, New York Times, 07.03.1991, online auf: *www.nyt.com*.
28. Frey, Carol, Thompson, Francesca, Smith, Judith, »Update on Women's Footwear«, Foot and Ankle International, 1995, 16.6: 328-331.
29. Menz, Hylton B., Morris, Meg E., »Footwear Characteristics and Foot Problems in Older People«, Gerontology, 2005, 51: 346-351.
30. Gedruckt mit freundlicher Genehmigung von Carol Frey, MD, Manhattan Beach, CA.
31. Gardiner, Harris, »If Shoe Won't Fit, Fix the Foot? Popular Surgery Raises Concern«, New York Times, 07.12.2003, online auf: www.nytimes.com. Dieser Trend wurde einige Monate zuvor in Sarah Baxters »Fashion Victims Have Their Toes Trimmed to Fit Shoes« besprochen, Sunday Times, London 10.08.2003, online auf: *www.timesonline.co.uk*.
32. Piercy, Catherine, »Happy Feet«, Vogue, April 2008, 226.
33. Aleksandr, Irina, »Time for Toetox? Park Avenue Podiatrist Tends to Tortured Soles«, New York Observer, 10.04.2009, 14.
34. Aleksandr, 13.
35. www.institutebeaute.com, abgerufen am 18.08.2009.
36. AOFAS, »Cosmetic Surgery to Beautify Feet Has Serious Risks«, 29.12.2004, online auf: *www.aofas.org*.
37. Harris, »If Shoe Won't Fit«.
38. *www.iafs.com*, abgerufen am 18.08.2009.
39. Exodus 3:5.
40. *Deuteronomium* 25:5-10.

41. Hezser, Catherine, »The Halitzah Shoe: Between Female Subjugation and Symbolic Emasculation«, in: NAHSHON, 49.
42. In GENESIS RABBAH 41:2, sagt Rabbi Berekhyah, dass Pharoah es wagte, sich dem »Schuh« von Sarai zu nähern; im BABILONISCHEN KIDDUSCHIN 49a, darf eine Frau ihren Verehrer abweisen, wenn sie »einen Schuh, der zu groß für meinen Fuß ist« nicht will.
43. Jones, Ernest, »Psycho-Analysis and Folklore«, in: ESSAYS IN APPLIED PSYCHO-ANALYSIS, Bd. 2, New York: International Universities Press, 1964, II. Dieser Vortrag wurde 1928 gehalten.
44. Zitiert in Cromie, James E., »Shoe-Throwing at Weddings«, FOLKLORE: A QUARTERLY REVIEW OF MYTH, TRADITION, INSTITUTION & CUSTOMS, BEING THE TRANSACTIONS OF THE FOLK-LORE SOCIETY, 1895, Bd. 6, 267.
45. Freud, Sigmund, »Fetischismus«, Erstveröffentlichung: Almanach der Psychoanalyse 1928, Wien 1927, 17-24. — Gesammelte Werke, Bd. 14, 311-317.
46. Flügel, John C., THE PSYCHOLOGY OF CLOTHES, London: Hogarth Press and the Institute of Psycho-Analysis, 1950, 27, dritte Auflage; erste Auflage 1930.
47. Ellis, Havelock, STUDIES IN THE PSYCHOLOGY OF SEX, Bd. 1 und 2, New York: Randon House, 1936. Zitiert in: Rossi, William A., THE SEX LIFE OF THE FOOT AND SHOE, Ware, UK: Wordsworth, 1989, 142, 168. Die Erstauflage dieses Buchs erschien 1977 bei Routledge & Kegan Paul.
48. Becker, Ernest, DIE ÜBERWINDUNG DER TODESFURCHT. DYNAMIK DES TODES, München: Bertelsmann, 1976.
49. Jeffreys, Sheila, BEAUTY AND MISOGYNY: HARMFUL CULTURAL PRACTICES IN THE WEST, London und New York: Routledge, 2005, 128.
50. Rossi, 94.
51. Rossi, 95.
52. Rossi, 91, 86, 90.
53. Rossi, 9.
54. GRIMMS KINDER- UND HAUSMÄRCHEN, hg. von Carl *Helbling*, München: Manesse-Verlag, 1946.
55. Delarue, Paul, »Frim Perrault to Walt Disney: The Slipper Of Cinderella«, in: DUNDES, S. 110-111.
56. Freud, »Fetischismus«.
57. Die westliche Sichtweise, basierend auf missionarischen Erzählungen und erotischer Literatur, ist anschaulich dargestellt in Valerie Steeles FETISH: FASHION, SEX AND POWER, New York und Oxford: Oxford University Press, 1996, 92-95.

58. Ko, Dorothy, EVERY STEP A LOTUS: SHOES FOR BOUND FEET, Berkeley, Los Angeles, and London: University of California Press in Zusammenarbeit mit dem Bata Shoe Museum, 2001, 12.
59. Ko, 54, 63.
60. Ko, 104.
61. Cassel, Susie Lan, »'... The Binding Altered Not Only My Feet But My Whole Character': Footbinding and First-World Feminism in Chinese American Literature«, in: JOURNAL OF ASIAN AMERICAN STUDIES, Februar 2007, 10.1: 50-51.
62. Lim, Louisa, »Painful Memories for China's Footbinding Survivors«, National Public Radio, MORNING EDITION, 29.03.2007, Mitschnitt online auf: *www.npr.org*.
63. Zitiert in Levy, Ariel, FEMALE CHAUVINIST PIGS: WOMEN AND THE RISE OF RAUNCH CULTURE, New York: Free Press, 2005, 195.
64. Elizabeth Semmelhacks Buch bietet eine ausführliche und gut lesbare Darstellung der Gesellschaftsgeschichte von »erhöhten« Schuhen in Westeuropa und den USA. Für mein Kapitel habe ich mich auf ihr Werk gestützt. Siehe Semmelhack, Elizabeth, HEIGHTS OF FASHION: A HISTORY OF THE ELEVATED SHOES, Pittsburgh: Periscope, 2008. Sehr zu empfehlen ist auch: Cox, Caroline, STILETTO, New York: Harper Design, 2004, und McDowell, Colin, SHOES: FASHION AND FANTASY, London: Thames and Hudson, 1989.
65. McDowell, 27.
66. Zitiert in McDowell, 27.
67. Muzzarelli, Maria Guiseppe, »Sumptuous Shoes: Making and Wearing in Medieval Italy«, in: SHOES: A HISTORY FROM SANDALS TO SNEAKERS, hg. Von Riello, Giorgio, McNeil, Peter, New York und Oxford: Berg/Oxford, 2006, 68.
68. Muzzarelli, 64.
69. Rossi, 152.
70. Rossi, 220.
71. Semmelhack, 21. Veröffentlicht in Zusammenarbeit mit dem Bata Shoe Museum in Toronto, Kanda.
72. Semmelhack, 25.
73. Wollstonecraft, Mary, VINDICATION OF THE RIGHTS OF WOMAN, New York: Penguin, 1992, 132.
74. Sand, George, L'HISTOIRE DE MA VIE, 203-204, zitiert in: Rexford, Nanncy, »The Perils of Choice: Women's Footwear in Nineteenth-Centruy America«, in: Riello und McNeil, 144.
75. Siehe Barthelemy, Anthony, »Brogans«, in: Benstock und Ferriss, 179-196.

76. Linder, Marc, Saltzman, Charles L., »A History of Medical Scientists on High Heels«, INTERNATIONAL JOURNAL OF HEALTH SERVICES, 1998, 28.2: 209.
77. »Well-Dressed Suffragists«; THE NEW YORK TIMES, 21.04.1912. Zitiert in: Semmelhack, 35.
78. »Fashion Blamed: Dress Reform, Not Votes, the Need of the Hour, Says Humanity Lover«, THE NEW YORK TIMES, 28.03.1915. Zitiert in: Semmelhack, 35.
79. Wahrscheinlich handelt es sich hierbei um eine Anspielung auf das 1906 erschienene Buch »The efficient life« des Arztes, Sportpädagogen und frühen Förderers des Breitensports Luther Halsey Gulick, Jr. MD (1865–1918), der zusammen mit seiner Frau die »Camp Fire Girls« (als Pendant zu den »Boy Scouts«) mitbegründete. In seinem Buch plädiert er für Gesundheitspflege und Fitness von Körper und Geist als Grundlagen für eine gesunde und erfolgreiche Lebensführung.
80. Magruder, A., »High Heels and Low Heels: The Difference Shown in X-Ray Photographs«, LADIES' HOME JOURNAL, Januar 1908, 33. Zitiert in: Linder und Saltzman, 211-212.
81. »Lay the High Heel Low«, THE WASHINGTON POST, 06.05.1920. Zitiert in: Semmelhack, 40.
82. Zitiert in: Reilly, Maureen, HOT SHOES: 100 YEARS, Agtlen, PA: Schiffer, 1998, 7.
83. Winslow, Jacob Benignus, «Refelxions anatomiques sur les incommoditiés, infirmités, etc. qui arrivent au corps humain à l'occasion de certains attitudes & de certains habillements », in : MÉMOIRES DE MATHÉMATIQUES ET DE PHYSIQUE : HISTOIRE DE L'ACADÉMIE ROYALE DES SCIENCES 1740, veröffentlicht 1742, 59-65. Zitiert in: Linder und Saltzman, 204. Linder und Saltzman erwähnen den Übersetzer des Textes nicht. Hierbei handelt es sich um einen Auszug aus einer Rede von Winslow, vor der französischen Académie Royale des Sciences im Jahr 1740. Winslow kritisierte die hochhakigen Schuhe von Frauen aufs Schärfste, da sie die Gesundheit der Trägerin erheblich beeinträchtigen.
84. Camper, Peter, DISSERTATION SUR LA MEILLEURE FORME DES SOULIERS 1781, 7, 46. Zitiert in: Linder und Saltzman, 205. Übersetzer unbekannt.
85. »The Fashions: Description if Fashion Plate«, LADIES' TREASURY, 01.06.1868, 85. Zitiert in: Linder und Saltzman, 207. Dies war ein britisches Frauenmagazin.

86. Barker, Fordyce, »Discussion«, Transactions of the American Gynecological Society, 1882, 7: 261-263, 262. Zitiert in: Linder und Saltzman, 201.
87. Goldthwait, J., Essentials of Body Mechanics in Health and Disease, 5. Auflage, Philadelphia: Lippincott, 1952, 295-6. Erstveröffentlichung 1934. Dies war cin medizinisches Lehrbuch. Zitiert in: Linder und Saltzman, 213.
88. Bankoff, George, The Essential Eve: A Guide to Women's Perfection, London: Cassell, 1952, 93-94. Zitiert in: Cox, 82.
89. Frey, Carol, »Foot Health and Shoewear for Women«; Clinical Orthopaedics and Related Research, 2000, 372: 32-44.
90. Cox, 18.
91. Cox, 52.
92. Walford, Jonathan, The Seductive Shoe: Four Centuries of Fashion Footwear, New York: Stewart, Tabori & Chang, 2007, 195.
93. Ledger, Florence E., Put Your Foot Down: A Treatise on the History of Shoes, Melksham: Colin Venton, 1976, S. 171. Zitiert in Cox, 86.
94. Molloy, John T., The Woman's Dress for Success Book, New York: Warner, 1977, 79, 35.
95. Baxter, Sarah, »Fashion Victims Have Their Toes Trimmed to Fit Shoes«, Sunday Times, London, 10.08.2003, online auf: *www.timesonline.co.uk*.
96. Wie beschrieben online auf: *www.ninewest.com*, 09.08.2009.
97. Doonan, Simon, »Simon Says«, New York Observer, 27.07.2009, 9.
98. Dies ist das Ergebnis einer Studie mit 3378 Männern und Frauen aus Framingham, MA, USA mit einem Durchschnittsalter von 66 Jahren. Siehe Dufour, Alyssa B., »Foot Pain: Is Current or Past Shoewear a Factor?«, Arthritis Care & Research, Oktober 2009, 61.10: 1352-1358.
99. Coughlin, «Women's Show Wear and Foot Disorders«.
100. Mandato, Mark G., Nester, Elizabeth, »The Effects of Increasing Heel Height on Forefoot Peak Pressure«, Journal of the American Podiatric Medical Association, Februar 1999, 89.2: 75-80.
101. »Flip-Flops Be Gone! Give Your Feet a Break!«, ABC News, 22.08.2007.
102. APMA, «New Study Compares Over-the-Counter Foot Inserts with Prescription Orthotics«, 23.06.2009, online auf: *www.apma.org*.

Danksagung

Ich habe das Glück, von intelligenten, interessanten und, ja – stylischen – Frauen umgeben zu sein, die beim Thema High Heels Besonnenheit zeigen. Ich danke meiner fantastischen Agentin Jennifer Lyons und den Superfrauen, mit denen ich im Verlag Seven Stories zusammengearbeitet habe: der Lektorin Crystal Yakacki, der Pressechefin Ruth Weiner und der Redaktionsleiterin Veronica Liu. Dank an Vanessa Davis dafür, dass sie den Spaß, die Fantasie und die Verrücktheit weiblicher Fußbekleidung eingefangen hat.

Auch den großen Männern, die dieses Buch gestaltet und zusammengefügt haben, gilt mein Dank: dem Geschäftsleiter Jon Gilbert und dem Gestalter Stewart Cauley. Und Dan Simon, dem Verleger und Visionär von Seven Stories möchte ich sagen: Danke, dass Sie mit Frauen mitfühlen und sich in unsere Lage (Schuhe) versetzen – obwohl ich Ihnen niemals den Schmerz eines spitz zulaufenden Stilettos wünsche.

Die Autorin

Leora Tanenbaum schreibt über das Leben von Frauen und Mädchen (*www.leoratanenbaum.com*). In deutscher Übersetzung liegt von ihr bereits das Buch CATFIGHT. WEIBLICHES KONKURRENZVERHALTEN UND WIE MÄNNER DAVON PROFITIEREN vor. Auf Englisch erschienen außerdem die Bücher SLUT! GROWING UP FEMALE WITH A BAD REPUTATION und TAKING BACK GOD: AMERICAN WOMEN RISING UP FOR RELIGIOUS EQUALITY. Sie bloggt für die Online-Zeitung HUFFINGTON POST und lebt in New York.

Wenn Sie Leora Tanenbaum mit Fragen, Kommentaren oder Tiraden über Netzstiefel und andere unsinnige Schuhtrends kontaktieren möchten, schreiben Sie ihr an *leoratan@yahoo.com*.

Bibliografische Information der Deutschen Nationalbibliothek
Die Deutsche Nationalbibliothek verzeichnet diese Publikation in der Deutschen Nationalbibliografie; detaillierte bibliografische Daten sind im Internet über http://dnb.d-nb.de abrufbar.

ISBN 978-3-936937-84-8

1. Auflage 2011

Lektorat: Claudia Neumann
Umschlaggestaltung: Ulrike Heuter
Autorinnenfoto: Jonathan Lonner
Satz & Layout: Typo:Berger, Berlin
Herstellung: Anna Mandalka
Druck: Art Druck, Szczecin